Nonstop Fußball!

David Fermer

# NONSTOP FUSSBALL!

Mit Illustrationen von Alexander Weiler



Thienemann

## Vor dem Spiel

„O. k. Jungs, noch fünf Minuten, dann geht's los!"

Noch fünf Minuten? Ich halte es nicht mehr aus! Der Schweiß läuft mir jetzt schon wie ein Wasserfall aus den Achselhöhlen und der Kloß im Hals ist so groß wie ein Fußball. Meine Beine zappeln, als ob sie unter Strom stünden. Man kann das Rata-tat-tat bestimmt in Australien hören.

Ich will raus auf den Platz, nicht hier wie ein Windhund in der Startbox hocken. Es ist Folter pur. Es soll endlich losgehen. Mir fließt kein Blut mehr durch die Venen, nur noch Adrenalin.

Es war immer so bei mir, die Aufregung vor dem Spiel, aber diesmal ist es besonders schlimm. Kein Wunder: Es ist mein erstes Länderspiel. Deutschland gegen England. Ein richtiger Kracher. Der dreifache Weltmeister gegen das Mutterland des Fußballs. Und nicht nur das. Ich trete gegen meinen besten Freund an. Warren Pott. Ausgerechnet jetzt! Ich kenne ihn natürlich in- und auswendig. Ich weiß genau, wie er spielt. Und er kennt mich! Wenn wir zusammen spielen, sind wir giftiger als die giftigste Kobra.

Klar macht mich das nervös. Alle Augen werden heute auf uns gerichtet sein. Sie werden jeden Schritt verfolgen, Ball für Ball, Pass für Pass. Unsere Freundschaft ist nämlich kein Geheimnis. Im Gegenteil. Ganz Deutschland weiß Bescheid. Die Leute wissen sogar, dass ich Rot bekam, als wir das letzte Mal gegeneinander spielten.

Ein riesiger Handschuh landet auf meiner Schulter. „Alles klar?“, fragt mich unser Torwart Tobias.

Ist der Ball viereckig? Dauert das Spiel eine Viertelstunde? Ich glaube nicht.

Ich versuche zu nicken. „Die Kralle“ drückt meine Schulter zwischen seine Monsterfinger. Er hat die größten Hände der Welt. Sie fangen alles, was es zu fangen gibt. Tobias hat Fliegen als Haustiere. Tatsache. Er züchtet sie in einem kleinen Schuppen im Garten. Jeden Tag betritt er das Insektenheim und spielt „Fliegenfangen“. Reaktionstraining. Blitzschnell ist er. Außerdem hat Tobias in seinem Leben nie eine Fliege getötet. Er tötet nur fliegende Bälle.

„Nicht vergessen, Dennis“, sagt Tobias, als könnte er meine Gedanken lesen, „heute ist Warren kein Freund. Er ist nur Engländer. Und du weißt, was wir Deutschen mit Engländern auf dem Fußballfeld machen …“

Ich schaue auf meine schwarz-rot-goldenen Fußballschuhe und nicke. „Wegputzen.“

Kralle klopft mir lachend auf die Schulter. „Richtig! Und zwar volles Pfund!“, grinst er. „Du machst das schon, Dennis. Du bist ein guter Junge.“

Unser Teamkapitän wendet sich von mir ab und setzt seine Motivationsrunde durch die Kabine fort. Er hat recht. Heute stehen sich nicht zwei Freunde gegenüber, sondern zwei Gegner. Es zählt nur eins: Tore machen, den Kasten sauber halten, das Spiel gewinnen. Egal wie. Nach dem Spiel können Warren und ich wieder Kumpel sein.

„Noch eine Minute!“, ruft der Co-Trainer in die Kabine. Na endlich! Lass den Schiri das Spiel anpfeifen, sonst werden meine Knochen vor lauter Zittern auseinanderfallen.

Ich stehe auf, schüttele die Beine wach, knacke die Wirbel im Nacken und schnaufe den letzten Rotz aus meiner Nase. Ich werde jetzt alles geben. Heute – aber nur heute – werde ich dafür sorgen, dass mein bester Freund schlecht gelaunt nach Hause geht …

*Welcome to Germany*

My dad always wanted me to play for Manchester United. That was his dream and, until the age of fourteen, it was my dream too. But then everything changed.

We used to live in Manchester. I'm a real 'Mancunian'. That's what they call people who are **born** and live in Manchester. My dad had the best job in the world. He worked for Manchester United Football Club in their **PR department**. It was great. We used to get free tickets to see Man-U play at Old Trafford, our 76,000 seat stadium. We used to go there every weekend. Sometimes even Mum came along. Those were the happiest moments in my life.

But then, just after my fourteenth birthday, Mum left. It was terrible. A **nightmare**. She met

born – geboren; PR department – Presseabteilung; nightmare – Albtraum somebody else. Rafael. One of the club's **physiotherapists**. "I'm sorry, Warren," she said, "but you can't help falling in love." Well, that didn't help me at all. Rafael was Portuguese. I decided I would never go to Portugal for the rest of my life.

My dad was **heartbroken**. He **quit** his job and said he would never go inside Old Trafford again. He wanted to leave Manchester. He found a new job in Munich. International PR manager for Bayern Munich – or Bayern München, as they call it here. He asked me to come with him.

I didn't know what to do at first. I didn't want to leave Manchester, but Mum was only interested in this Rafael guy. It was like she'd **forgotten** I even existed. I was so angry with her. I decided to go with Dad.

"It's only for two years," said Dad. "I've got you a place at a British school in Munich. You can do your **GCSEs** there and then we can go back to England. The **time** will **fly by**. You can learn German. It'll be great."

physiotherapist – Physiotherapeut;
to be heartbroken – jemandem wurde das Herz gebrochen;
to quit – kündigen; to forget – vergessen; GCSE (General Certificate of Secondary Education) – Abschluss der Sekundarstufe;
time flies by – die Zeit vergeht wie im Flug

When I came to Germany, everything was **different**. The cars drove on the other side of the street. The money was different, the TV shows were boring, the language **impossible**. Nothing was the same. **Except** football.

I remember thinking that at the time: it doesn't matter where you go, football is the same all over the world. In Africa, Asia, Germany, England, wherever you are. Two teams, two goals and a ball. That's all you need. It's simple. You can play anywhere. In your bedroom, on the street, in the park. You can play one **against** one, or eleven against eleven. It makes no difference.

So football became my **goal** as soon as I arrived in Germany. While Dad was **getting used to** his new job, I started going around town, looking for a new football team. I was really nervous because I didn't speak any German.

The first club I went to was called FSV Schwabing. FSV stands for 'Fußballsportverein'. The club was near my school. I saw it on the way home one day. The team was training

different – anders; impossible – unmöglich; except – außer;
against – gegen; goal – *hier:* Ziel;
to get used to something – sich an etwas gewöhnen

on an **AstroTurf pitch**. They were all dressed in their green and white **kit**. Their **coach** was practising **corners** with them. There was one boy who was really good. He had long, black hair and was wearing a hair band. He took all the corners. I liked the way he **curved** the ball. I thought: I'd like to be on the end of one of those **crosses**. So in the end, I went onto the **pitch** and asked them if I could play …

## Eingewechselt

Seit meiner Geburt bin ich Mitglied beim TSV 1860 München oder bei den *Löwen*, wie sie auch heißen. Das lag natürlich an meinen Eltern. Ich habe mich nicht persönlich aus dem Mutterleib dort angemeldet. Auch keinen Mitgliedsantrag kurz nach der Durchschneidung der Nabelschnur unterschrieben. Meine Eltern waren standhafte „Sechzger"-Mitglieder wie schon

AstroTurf pitch – Spielfeld aus Kunstrasen;
kit – Spielkleidung; coach – Trainer; corner – Eckball;
to curve – *hier:* jonglieren; cross – Flanke; pitch – Spielfeld

ihre Eltern zuvor. Sie verkörperten das Vereinslied: „Einmal Löwe, immer Löwe, Treue für ein Leben lang.“ Ich bin quasi als *Löwe* auf die Welt gekommen.

Seit ich mich erinnern kann, wollte ich für die Sechzger spielen. Für mich kreiste die Erde nicht um die Sonne, sondern um den TSV München von 1860. Mein erstes Wort war „Löwe“. Als Baby schlief ich immer mit einem Ball im Kinderbett. Ich trug dauernd Fußballschuhe im Kindergarten, bis die Erzieherin es verbot, weil ich damit den Teppich versaute. Ich brauchte nie einen Babysitter. Es musste nur ein *Löwen*-Spiel im Fernsehen laufen und ich blieb neunzig Minuten lang gebannt vor der Glotze sitzen, ohne einen winzigen Piep von mir zu geben. Ich war ein sehr pflegeleichtes Kind.

Aber mit elf platzte mein Traum. Ich spielte damals für den FSV Schwabing, unseren örtlichen Verein. Ein Fußballscout vom TSV 1860 hatte mich beim Training gesehen. Er fragte mich, ob ich zu den *Junglöwen* kommen wollte, und gab mir seine Karte. Ich werde es nie vergessen, wie ich auf das Kärtchen schaute und den kleinen schwarzen Löwen in der Mitte sah. Meine Hände zitterten vor Freude. Ich konnte mein Glück kaum fassen.

Ich radelte so schnell nach Hause, es war ein Wunder, dass meine Reifen nicht in Brand gerieten. Ich war ziemlich durcheinander, aber glücklich wie nie zuvor. Das änderte sich schlagartig: Als ich in unsere Straße einbog, übersah ich das heranrasende Auto. Der Fahrer versuchte mir auszuweichen, aber er schaffte es nicht. Er traf mein Hinterrad und ich flog wie ein Vogel ohne Flügel durch die Luft. Als ich auf die Bordsteinkante krachte, hörte ich den Knacks in meinem rechten Bein. Ich wusste sofort, dass es kaputt war.

Ein halbes Jahr später kam der Gips ab, aber der *Löwen*-Scout war weg. Ich musste wieder bei null anfangen, aber ich gab nicht auf. Ich hatte einen fantastischen Trainer. Harry Müller hieß er. Ein kauziger, alter Mann mit mehr Falten im Gesicht als ein frisch gepflügtes Feld. Er war ein richtig harter Knochen von der alten Schule. Er meinte, um gut Fußball zu spielen, müsse man auch Dreck fressen. Er konnte alles verzeihen, nur nicht Faulheit auf dem Spielfeld. „Fußball ist ein Laufspiel", sagte er immer und zweimal die Woche hetzte er uns durch die Gegend, bis wir nachts im Bett vom Laufen träumten.

Wir waren eine ziemlich mittelmäßige Mannschaft. Wenn wir gegen uns gespielt hätten, hätten wir auch gewonnen. Ich spielte im Mittelfeld, auf der rechten Seite, und war der Regisseur auf dem Platz. Meine Pässe waren genauer als die Treffer eines Schützenkönigs. Ich hatte ein Laufpensum wie eine Katze in einem Mäuseheim. Von der Außenlinie konnte ich die gefährlichsten Flanken schießen. Ich war gut, sehr gut, aber ein guter Spieler macht noch keine gute Mannschaft.

Das änderte sich eines Tages, als Warren Pott auf unserem Trainingsplatz auftauchte. Er kam zögerlich über den Kunstrasen gelaufen, die Hände in den Hosentaschen vergraben, den Kopf gesenkt. Harry hielt uns gerade einen Vortrag über die Verteidigung bei gegnerischen Eckbällen. Er schob die kleinen roten und gelben Punkte auf seinem magnetischen Spielbrett eifrig hin und her. „Immer *hinter* dem Mann stehen!“, redete er auf uns ein. Warren folgte seiner Anweisung und schaute Harry wortlos über die Schulter.

Warren hatte natürlich sein rotes Manchester-United-Trikot an. Damals trug er es immer, egal wo er war. Er hatte kurze, rotbraune Haare, ein rundes Gesicht und sah nicht besonders sportlich aus. Obwohl es ein knallheißer

Sommer war, war Warren blasser als eine Weißwurst. Nur die paar Sommersprossen auf seiner Nase und seinen Wangen waren braun.

Irgendwann merkte Harry, dass etwas in der Runde nicht stimmte. Niemand hörte ihm mehr zu. Er brach seinen Vortrag zum Thema Strategie ab, drehte sich fragend um und sah den milchigen Eindringling.

„Was hast du hier zu suchen, Junge?!“, blaffte er Warren an. Harry hasste es, bei der Arbeit gestört zu werden.

Warren war cool wie eine Gefriertruhe. „Sorry“, sagte er lässig und zuckte mit den Schultern. „I don't speak German.“

Harry wurde lauter: „Ja, und ich spreche nur Zulu-dulu. Das hier ist eine Taktikbesprechung, keine Sprachmesse!“

Harrys rauer Ton reichte normalerweise, um jeden normalen Mensch vom Platz zu verscheuchen. Aber Warren Pott war kein normaler Mensch. Er bewegte sich keinen Millimeter und sagte freundlich: „My name is Warren. I'm from England and I want to play football.“

Harry stand mit offenem Mund vor uns und machte den Gotthardtunnel nach. Wir waren alle fassungslos. Niemand widersprach unserem alten Trainer Harry.

Harry musterte Warren von Kopf bis Fuß und winkte mich rüber. „Dennis, komm mal her!“

Ich trat aus der Reihe hervor und stellte mich dienstwillig neben ihn. „Du sprichst doch Englisch, oder?“, fragte er mich und ich nickte. „Dann sag ihm Folgendes: Wir spielen keinen Kick-’n’-Rush-Fußball hier. Wir sind in Deutschland, nicht auf der Insel. Dreimal Weltmeister! Viermal, wenn du ’66 dazuzählst! Spielen die Engländer nicht lieber Cricket oder Rugby oder irgend so ein Gedöns? Rasen-Bowling? Krocket? Snooker? Wissen die überhaupt, was ein Doppelpass ist?“

Ich schaute Harry verblüfft an. Seine Augen funkelten. Es gefiel ihm, Menschen auf die Probe zu stellen.

„Ähm … our trainer“, fing ich die Übersetzung vorsichtig an, „ähm … he says … English people can’t play football …“

Warren war nicht beleidigt. Er sagte ganz einfach: „And I thought German people didn’t have a **sense of humour** …“

Ich übersetzte wörtlich und Harry verkniff sich ein Grinsen. „Frag ihn, wo er spielt“, knurrte er.

sense of humour – Sinn für Humor

„Where do you play?“

„Midfield. I'm **left footed**.“

Plötzlich trat Jannik panisch aus der Reihe. „Soll ich ihm den Ausgang zeigen?“, fragte er Harry ängstlich. Ein Mittelfeldspieler auf der linken Seite? Das war seine Position!

Harry ging nicht auf Janniks großzügiges Angebot ein. Schließlich war er die Achillesferse unserer Mannschaft. Jannik hat Beine aus Beton und einen Schuss wie ein flauer Darmwind. Selbst sein Schatten lief schneller als er.

„Also gut“, sagte Harry bedeutsam und stand langsam auf. „Dann schauen wir mal, was der Inselaffe draufhat.“

Jannik machte den Mund auf, um etwas zu sagen, aber Harry warf mir schon den Ball zu und gab die Anweisungen an die Mannschaft. „Wir üben die Verteidigung eines Eckballes! Du machst die Ecke, Dennis. Der Tommy hier stürmt. Alle anderen auf Position. Wenn er ein Tor schießt, kann er bleiben. Wenn nicht, dann heißt es: Bye-bye British boy … Übersetz das, Dennis!“

Ich erklärte Warren die Aufgabe und wir gingen auf unsere Startpositionen. Die Mann-

to be left footed – mit dem linken Fuß spielen

Die Jungs waren völlig überrascht.

schaft verteilte sich im Strafraum. Unser Torhüter Moritz stand breitbeinig auf der Torlinie und brüllte seiner Abwehr Anweisungen zu. Warren und ich gegen den Rest der Welt. Wir hatten keine Chance. Meine Mannschaft umzingelte den stämmigen Engländer wie zuckerkranke Bienen einen Honigtopf.

Ich legte den Ball sorgfältig neben die Eckfahne und schaute hoch. Warren versuchte zwar, sich freizulaufen, aber es war aussichtslos. Er schaute mich hilflos an. Wir hätten direkt das Handtuch werfen können. Aber dann hatte ich eine Idee. Ich gab Warren ein unauffälliges Zeichen und er verstand mich sofort.

„This is totally unfair!", schrie er wütend. Dann stampfte er genervt aus dem Strafraum.

Die Jungs schauten ihm verblüfft hinterher. Sie zuckten unschuldig mit den Schultern nach dem Motto „Ich war's nicht". Warren marschierte weiter und schimpfte auf Englisch vor sich hin. Sobald er aus dem Strafraum war, schaute er noch mal zu mir rüber. Sein Kopfnicken war fast unmerklich, aber ich sah es deutlich. Er war bereit. Dann drehte er sich um und lief wie ein Irrer in den Strafraum zurück.

Die Jungs waren völlig überrascht. Bevor sie kapierten, was Sache war, flog der Ball in einer perfekten Bananenkurve über ihre Köpfe. Sie versuchten, sich zu wehren, aber es war zu spät. Warren sprang so hoch, dass ich dachte, wenn er wieder runterkommt, liegt Schnee auf seinem Kopf. Er traf den Ball mit der vollen Breite seiner Bulldoggenstirn, und die Pille knallte ins Netz.

Danach herrschte für einen kurzen Moment Stille. Harry stand an der Seitenlinie und schmunzelte unter seinem Schnurrbart. Meine Teamkameraden schauten sich verwirrt um, als ob sie gerade etwas verloren hätten. Den Faden vermutlich. Warren lief zu mir rüber und warf seine Fäuste in die Luft: „Yes!!"

Als wir uns vor Freude umarmten und wie zwei Brasilianer um das Eckfähnchen tänzelten, wusste ich, dass es der Anfang einer ganz großen Freundschaft war.

## *In the lion's den*

After that, Harry said I could **stay**. I think he liked me. The only person who didn't look too happy about it was Jannik. All the other **lads** in the team were really nice to me. Particularly Dennis. He immediately became Harry's personal **translator**. He called Harry 'the Boss' in English. After my first **football practice**, he told me, "The Boss says you have to sign the *Anmelde* form."

We went to the **clubhouse** together with the rest of the team. While Harry was looking for a registration form, my new **teammates** started asking me thousands of questions.

"So what are you doing in Munich?"

to stay – bleiben; translator – Übersetzer;
football practice – Fußballtraining; clubhouse – Vereinsheim;
teammate – Mannschaftskamerad

"What team do you **support**?"

"Who's your favourite player?"

Everything inside the clubhouse was blue and white. There were blue and white **flags** hanging from the ceiling, and blue and white **pendants** above the bar. Hundreds of photos on the walls showed football teams from the 19th Century to the present day. As soon as the photos were in colour, I could see that all the players were wearing blue **football shirts**. And there were black **lions** everywhere.

"What's that?" I asked Dennis, pointing at one of the black lions above the door.

**All of a sudden** the whole clubhouse **fell silent**. Everyone looked at me like they were really shocked. It was Dennis who finally said something: "You live in Munich and you don't know who the *Löwen* are?!"

Dennis told me about TSV 1860. I'd never heard of them at the time. I knew Bayern Munich, of course. Not just because of my dad. The situation in Munich sounded just like back home in Manchester. Manchester also has two

to support a team – für ein Team sein;
flag – Fahne; pendant – Aufhänger, Wimpel;
football shirt – Trikot; lion – Löwe;
all of a sudden – plötzlich; to fall silent – in Schweigen verfallen

**major** football clubs: Manchester United and Manchester City. They're both big clubs, both old, and – of course – they're **rivals**.

All the boys at FSV Schwabing were *Löwen* fans. Actually they were more than just fans. They **were crazy about** the club. 1860 was like a religion to them. They didn't go to church on Sundays, but they went to the stadium every weekend. I also found out pretty quickly that if you were a *Löwen* fan then you didn't like FC Bayern Munich.

"Schickimicki-Laden!" they said about my dad's new club. "Blöder Nobelverein! Schickeriapack!" Then they put their arms around each other's shoulders and started singing a song: "Es kann so viel passieren, es kann so viel geschehen, nur eins wissen wir hundertprozentig: Nie im Leben würden wir zu den Bayern gehen!"

Dennis sang the **loudest**. I didn't speak any German at the time, but I knew exactly what they were singing about. Then came the question I didn't want to answer. It was Dennis who asked it: "So where does your dad work?"

major – wichtig; rival – Rivale, Gegner;
to be crazy about something – verrückt nach etwas sein;
loudest – am lautesten

I really was in the middle of the **lion's den**. **Literally**. I decided it would be a bad idea to tell them that my dad worked for their **beloved** FC Bayern. I quickly thought of something else. Something easy. "He ... he works for a bank," I **lied**.

Dennis just nodded and he didn't ask any more questions about my dad after that.

When I got home, I told Dad about FSV Schwabing. He was really pleased. "That's great! I'm sure you'll make lots of friends there. Why don't you **invite** them to the party on Saturday?"

"What party?" Dad hadn't told me anything about a party!

"Some people from the club are coming over at the weekend. I'm doing a **barbecue**. A couple of the players will be there. The manager and the **chairman** too. I'm sure your friends would really like to meet them!"

I had to laugh. My new friends at FSV would **rather die** than come to a FC Bayern party! I told Dad about them and explained that they

the lion's den – die Löwengrube; literally – wortwörtlich;
beloved – geliebt; to lie – lügen; invite – einladen;
barbecue – Grillparty; chairman – Vorsitzender;
rather die – lieber sterben

were all 1860 fans. He understood. Then I **asked** him **a favour**: "If you come and watch me play at Schwabing, then you have to **promise** you'll never tell them that you work for FC Bayern. **Otherwise** they'll hate me! Promise?"

My dad laughed and thought about this for a second. Then he said, "OK. Whatever you say."

And so I decided not to tell anyone about Dad's little barbecue party either. After all, I didn't want my new friends to know we were grilling sausages with the **enemy**!

## Voller Einsatz

Eigentlich hatte ich eine sehr glückliche Kindheit. Mein Vater war Klempner mit entsprechendem Bauch, meine Mama Mutter von zwei Kindern mit entsprechend zerzausten Haaren. Wir hatten eine kleine Wohnung in der Ungererstraße. Meine Oma wohnte bei uns. Deswegen

to ask somebody a favour – jemanden um einen Gefallen bitten; to promise – versprechen; otherwise – sonst; enemy – Feind

musste ich ein Zimmer mit meiner kleinen, neunmalklugen Schwester teilen. Das war nicht so schlimm, weil ich nie da war. Wenn ich freihatte, war ich entweder draußen im Verein oder im Stadion oder vor der Flimmerkiste im Wohnzimmer. Ich ging nur zum Schlafen in mein Zimmer.

Falls es später mit der Profifußballkarriere nicht klappen sollte, hatte mein Vater vor, mir sein Handwerk beizubringen. Ich war ein begeisterter Schüler. Immer wenn ich konnte, fuhr ich mit ihm zur Arbeit. Schon mit vierzehn wusste ich eine Menge über Installationsarbeiten. „Wasser ist wie Fußball“, sagte mein Vater immer, „ohne es ist kein Leben möglich.“

Kurz nachdem Warren bei uns im Verein angefangen hatte, bekam mein Vater einen Notruf an einem Samstag. Ein Rohrbruch am Wochenende war immer ein gutes Geschäft, solange die *Löwen* nicht spielten. Ansonsten musste er aufs Geld verzichten. An jenem Samstag wurde das TSV-1860-Spiel abgesagt und mein Vater fragte mich, ob ich nicht Lust hätte, ihn bei seinem Einsatz zu begleiten.

Also ging ich mit. In seinem alten, aber zuverlässigen Ford Transit, Baujahr 1978, fuhren wir durch die Stadt. Der Auspuff war lauter als eine

Wasser ist wie Fußball.

Blaskapelle. Die Türen klapperten wie zwei Riesenratschen. Wir fuhren nach Bogenhausen, einem der wohlhabendsten Stadtviertel in München, und hielten vor einer großen Villa an.

Aus dem Garten hörten wir Stimmengewirr und Partymusik. Es gab offensichtlich eine Feier. Mein Vater nahm seine Werkzeugkiste aus dem Kofferraum und schlängelte sich durch die Nobelkutschen in der Einfahrt. Ich folgte ihm. Er stellte seine Kiste vor der Haustür ab und klingelte. Erst dann sah er, dass über der Haustür eine FC-Bayern-München-Fahne hing.

„Ach nein, nicht schon wieder so ein Bayernfuzzi!“, meckerte er, doch bevor er umkehren konnte, machte jemand die Haustür auf. Ich dachte, mir knallt ein eiserner Ball gegen den Kopf: Kein anderer als Warren Pott stand auf der Türschwelle! Er sah mich verlegen an. Seine Hose war patschnass.

„Hi, Dennis!“, meinte er kleinlaut.

„Hi, Warren ...“, schaffte ich es kaum zu erwidern. Ich war völlig von der Rolle. Warren hatte mir zwar gesagt, dass er in Bogenhausen wohnte, aber er hatte nichts von einer fetten Villa erwähnt, geschweige denn, dass er Bayern-Fan war. Ich verstand nur Bahnhof.

Mein Vater meldete sich überrascht zu Wort: „Ihr kennt euch?“

Bevor ich etwas sagen konnte, drängte sich jemand an Warren vorbei. „Ciao, Warren! Thanks for the party!“ Mein Vater und ich mussten zweimal hinsehen: Es war *El Tigre,* FC Bayerns neues Mittelfeldwunder aus Südamerika!

„No problem!“, sagte Warren höflich und

schüttelte seine hoch prämierte Hand. „It was nice having you."

Ich schaute mit offenem Mund zu, wie einer der besten Mittelfeldspieler der Welt mit seiner hübschen Freundin das Haus verließ und in sein schnittiges Cabrio stieg. Er fuhr ein Jahresgehalt meines Vaters.

Als er davonbrauste, wendete ich mich wieder an Warren. „**Let me guess**: your Dad is his personal bank manager?"

Warren wackelte mit dem Kopf. „**Not quite** ..."

Dann wurde es mir schlagartig klar. „Your Dad works for FC Bayern?!", stellte ich mit Erstaunen fest und verstand sofort Warrens komisches Verhalten, als er zum ersten Mal in unserem Vereinsheim war.

Warren nickte schuldbewusst.

Mein Vater überwand seine Sprachlosigkeit. „Dennis, kannst du mir bitte sagen, was hier zum Teufel abgeht?"

Auch wenn ich wollte, hätte ich ihm nicht alles erklären können. Nur eins war klar: Warren hatte mehr Quark erzählt als der italienische Schiedsrichterverband.

let me guess – lass mich raten;
not quite – nicht ganz

Plötzlich tauchte jemand hinter Warren auf. Ich erkannte den Mann im Hausflur sofort: Er hatte eine Haut wie ein Hummer mit Sonnenbrand, rostfarbene Haare, ein rundes Gesicht und eine Wampe, die dem Bierbauch meines Vaters Konkurrenz machte – und das nach zwanzig Jahren Hefeweizen! Es bestand kein Zweifel: Es war Warrens Vater, Mr Anthony Pott. Der verdeckte Bayernangestellte. Er sah die Werkzeugkiste meines Vaters und strahlte ihn erleichtert an.

„Hello!“, sagte er freundlich und hielt meinem Vater die Hand entgegen. „You must be the **plumber**?”

Ich hätte es ahnen können: Mein Vater nahm Herrn Potts Hand nicht. Er stand bewegungslos da. Herr Pott war kurz irritiert, ließ sich aber nichts anmerken und winkte meinen Vater gastlich ins Haus. „Come in!“

Mein Vater rührte sich nicht von der Stelle. Mir war die ganze Situation total peinlich. Ich musste schnell reagieren. Also nahm ich die Werkzeugkiste meines Vaters in die Hand und folgte Mr Anthony Pott durch die Haustür. „Komm, Papa! Mach bitte keine Szene.“

plumber – Klempner

Als ich die Eingangshalle betrat, erstarrte auch ich schlagartig. Die ganze Villa war ein einziger FC-Bayern-Tempel. Überall rote Fahnen und Luftballons mit dem runden Logo drauf. In der Eingangshalle lag sogar ein FCB-Teppich auf dem Boden. Wenn Gott ein Bayern-Fan wäre, dann würde der Himmel so ausschauen. Ich dachte, mein Vater bekommt einen Herzinfarkt.

Mr Pott führte uns zielstrebig durch das Haus und plapperte ununterbrochen auf Englisch. Mein Vater schleppte sich wie ein Zombie hinterher.

„It's great that you're here", sagte Herr Pott. „Our kitchen is almost under water. I thought I was going to have to call Noah's Arc to get everyone out of here!"

Die Party war in vollem Gange. Ich sah nur lauter Bayern-Spieler, alle in Begleitung von perfekt proportionierten Damen mit langen Beinen. Sie hätten gut in eine Kosmetikwerbung für Beinhaarentfernung gepasst, der Traum jeder Illustrierten. Ich hatte das Gefühl, mitten in der Zeitschrift *Bunte* zu stehen.

In der Küche verbreitete sich tatsächlich eine Wasserlache von olympischem Ausmaß auf dem Boden. Einige Eimer standen schon halb voll herum. Das erklärte Warrens nasse Hose. Mein Vater hockte sich vor die Spülmaschine und überprüfte sie.

„What do you think the problem is?“, fragte Mr Pott vom Türrahmen.

Mein Vater lachte. „Als ob ich es geahnt hätte: ein englisches Modell! Ist nur für den Müllhaufen gut.“

Warrens Vater runzelte die Stirn und schaute mich fragend an. Er konnte damals schon Deutsch verstehen, aber „Müllhaufen“ gehörte offensichtlich nicht zu seinem aktiven Wortschatz. Ich überlegte, wie ich Papas Diagnose am besten übersetzen sollte, aber bevor ich mich entscheiden konnte, erstarrte Warrens Vater vor Schreck.

„What is *that*?!“, hauchte er entsetzt und zeigte auf meinen Vater, der jetzt auf allen vieren hinter die Spülmaschine kroch.

Warren und ich folgten Herrn Potts ausgestrecktem Finger und ich erkannte das Problem: Die Arbeitshose meines Vaters rutschte gefährlich weit an seinem Hintern runter. Wo normalerweise die klassische Klempnerritze zu sehen ist, prangte bei Papa der Kopf eines Löwen. Seine Sechzger-Unterhose. Er trug sie immer nur zu TSV-Spielen. Sie brachte Glück.

Nur, an diesem Tag fiel das Spiel aus. Sonst wären wir ja auch nicht bei Herrn Pott gewesen. Das nennt man einen Teufelskreis.

„Wie, was ist was?“, fragte mein Vater perplex und versuchte, sich selber auf den Hintern zu schauen.

„You're a ... you're a *Löwen* fan?“, stotterte Anthony Pott und wurde schlagartig blass. Er schaute sich nervös über die Schulter und machte panisch die Küchentür zu. Seine Gäste durften diese Schande nicht mitkriegen.

„Was ist jetzt?“, fragte mein Vater mit dem Engländer in der Hand – das Werkzeug, meine ich, nicht Warren. „Soll ich Ihre Spülmaschine reparieren oder nicht?“

Anthony Pott lehnte sich sicherheitshalber gegen die Küchentür und nickte eifrig. „Yes, please ... go ahead.“

Mein Vater bückte sich hinter die Spülmaschine und fing an zu schrauben. Ich stand Warren gegenüber und wusste nicht, was ich machen sollte. Warren tat mir leid. Er schaute die ganze Zeit beschämt auf die Wasserlache. Er dachte bestimmt, das sei das Ende seiner Laufbahn beim FSV Schwabing.

Aber das wollte ich auch nicht. Ich wusste damals schon, dass Warren und ich ein gutes

Team werden konnten. Also nahm ich einen Eimer in die Hand und fragte: „Why don't we **get rid of** the water?"

Warren schaute hoch. Sein Gesicht leuchtete auf. „Good idea!", sagte er erleichtert.

Zusammen wischten wir alles auf und putzten die Wasserlache weg, bis der Boden wie eine Meisterschale glänzte. Als mein Vater fertig war, stand er auf und trocknete seine Hände an einem Geschirrtuch ab.

„Kaufen Sie nächstes Mal lieber ein deutsches Modell", riet er Warrens Vater, der immer noch die Tür verbarrikadierte.

Mr Pott griff nach seinem Portemonnaie und zog zwei Hunnis heraus: „How much do I owe you?"

Mein Vater schüttelte den Kopf. „Geht heute auf mich." Mr Pott verstand nicht. „Nenn es deutsche Gastlichkeit ..."

Sobald wir wieder draußen waren, stieß mein Vater einen lauten Seufzer aus. „Endlich wieder frische Luft! Diese Bayern, die können einen wirklich ersticken!"

„Papa! Lass es doch!" Schließlich war Warren mein neuer Kumpel.

to get rid of something – etwas entfernen, etwas loswerden

Auf dem Weg nach Hause grinste mein Vater die ganze Zeit wie ein Honigkuchenpferd. Ich wusste, dass er etwas im Schilde führte, aber ich wollte es lieber gar nicht wissen.

Zu guter Letzt konnte er es sich nicht mehr verkneifen. Als wir in die Ungererstraße einbogen, prustete er vor Lachen los.

„Was hast du getan?“, fragte ich endlich und ahnte das Schlimmste.

„Direkt neben der Spülmaschine stand die Waschmaschine“, strahlte er diebisch. „Die Familie Pott wird zwar jetzt immer einen trockenen Küchenboden haben, aber nie wieder saubere Klamotten. Ich habe nämlich die Waschmaschine an die Spülmaschine angeschlossen!“

## *War of the Dads*

The day after the big barbecue party, Dennis **turned up** at my house with a **tool box**. He told me that his dad had

to turn up somewhere – irgendwo auftauchen; tool box – Werkzeugkiste

made a mistake in **repairing** our washing machine. He said he could **fix it** and asked if he could come in.

I was really relieved to see him. I was scared that he was going to tell everyone at FSV about my dad. But he didn't.

"I would have done exactly the same in your position," he said while fixing the washing machine.

That was a **relief**. I felt bad about having lied to everyone, but I didn't have a **choice**.

"So you won't tell anyone?" I asked him, still unsure. "I mean, the guys at the club?"

"Why should I?" he said. "You support Manchester United not FC Bayern, right? Or was that a lie too?"

"Of course not! Manchester United is the best team in the world."

"Falsch!" said Dennis. "The best team in the world is 1860 München. One day you'll find that out for yourself."

The next day was the traditional Munich derby: TSV 1860 **versus** FC Bayern. Dad had tickets and he asked if I wanted to come with

to repair – reparieren; to fix something – etwas richten; relief – Erleichterung; choice – Wahl; versus – gegen

him. **At first** I didn't want to go, because I knew all the lads from FSV would be there.

"Come on, Warren!" said my dad. "It's a derby! Like in Manchester. The Reds versus the Blues. Even the colours are the same. It'll be just like the old days!"

I used to love it when there was a derby in Manchester. The whole city is on its feet. If you're not in the stadium, then you're in a **pub** watching the game. If you're not in the pub, then you've invited all your friends around to your house and you're watching the match in the living room. It doesn't matter how old you are – if you're eight or eighty – you don't **miss** a Manchester derby for anything in the world. The whole city goes crazy.

In the end I decided to go with my dad. I didn't **regret** it either. There was an incredible atmosphere in the stadium. It was a great match with lots of goals. At **half-time**, I had to go to the toilet. Dad came with me. There was a long **queue** outside the toilets in our section, so we went around the corner to the next toilets. They were full too. The match was about to start

at first – zuerst; pub – Kneipe; to miss something – etwas verpassen; to regret – bedauern; half-time – Halbzeit; queue – Schlange

Ich sehe, dass Ihre Wasserleitungen
wieder einwandfrei laufen, Herr Pott.

again, so we ran to the next block and went to **the Gents** there.

As we went into the toilets, I **realised** we were in the section for the *Löwen* fans. Everyone was wearing blue. Blue caps, blue **scarves**, blue shirts. I was wearing my Manchester United shirt, but it looked just like the FC Bayern shirt. Red. My dad had a red scarf around his neck.

Anyway, there we were, standing at the **ur-**

the Gents – Herrentoilette; to realise – erkennen;
scarf – Schal

**inals, having a pee** and keeping our heads down, when suddenly I hear this friendly voice: "Hi, Warren!"

I look to my left and see Dennis Konrad standing at the urinal next to me. He was dressed from head to foot in blue.

"Hi, Dennis!" I replied, pleased to see him.

Then I saw that his dad was standing at the urinal next to him. He was looking right over Dennis' head, and over my head, to my dad. My dad was staring back at him. They were both **giving** each other **the evil eye** like two kids in the **playground**.

"Ich sehe, dass Ihre Wasserleitungen wieder einwandfrei laufen, Herr Pott!" said Dennis' father.

"What do you mean?" replied my dad. He was learning German in an intensive course, but the word 'Wasserleitung' only came in Week Ten.

"Die Reparatur hat geklappt, meine ich," explained Mr Konrad with a **nod** of his head in my dad's **direction**. "Fließt wie der Fischbrunnen auf dem Marienplatz, wie ich sehe."

urinals – Pinkelbecken; to have a pee – pinkeln;
to give someone the evil eye – jemanden böse anstarren;
playground – Spielplatz; nod – Nicken; direction – Richtung

My dad had no idea what he was talking about. "Yes, thank you, everything is fine."

"Aber Ihr Schal, Herr Pott, er sieht ein bisschen schmutzig aus," said Dennis' father, **pointing at** my dad's red FCB scarf. "Funktioniert die Kochwäsche vielleicht nicht so richtig bei den englischen Modellen?"

Dad just **shrugged his shoulders**. "There's nothing **wrong** with my washing machine, Mr Konrad."

Now it was Dennis' dad who was confused. "Sind Sie sicher?"

"Yes," said Dad. "Ganz, ganz sicher."

"Aber ... aber ... " Herr Konrad started to **zip up** his trousers.

"Lass den Mann doch in Ruhe," said one of the *Löwen* fans standing next to Dennis' dad. "Aus Rot kann man doch kein Blau machen."

Mr Konrad's face turned red with anger. He pointed at my dad. "Er wollte mich aus seinem Haus rausschmeißen, weil meine Unterhose ihm nicht gefallen hat!" he said in a very, very loud voice.

to point at something – auf etwas zeigen;
to shrug one's shoulders – mit den Schultern zucken;
wrong – verkehrt; to zip up – den Reißverschluss zumachen

**At that point**, the entire Gents went completely silent. **You could hear a pin drop**. Everybody looked at us. The men at the urinals, the men at the washbasins. Some men even came out of the **cubicles** to see who was arguing.

My dad went red as well. Not because he was angry, but because he was **embarrassed**. He obviously knew the word 'Unterhose' by then. He quickly finished his **business** and did up his zip. "I think we'd better leave," he said to me in a whisper. And he was right.

"See you later, Dennis," I said before leaving.

"Enjoy the game," he replied with a wink.

Then my dad and I left the toilets as quickly as possible. When I saw Dennis the next day at training, we laughed and laughed. Our dads **behaving** like two ten year old boys! They had no idea how funny they were! In the end we decided to call it 'The **War** of the Dads'.

at that point – zu diesem Zeitpunkt;
you could hear a pin drop – man hätte eine Stecknadel fallen hören können; cubicle – Kabine;
to be embarrassed about something – etwas ist einem peinlich;
business – Geschäft; to behave – sich verhalten;
war – Krieg

## Steilpass

Auf dem Fußballplatz spielten Warren und ich, als wären wir über Telepathie miteinander verbunden – ohne Worte. Wir mussten einander nur kurz in die Augen schauen, dann wussten wir genau, was der andere vorhatte. Harry meinte, wir seien bestimmt Zwillinge, die bei der Geburt getrennt worden seien. Das war eher unwahrscheinlich. Wir hätten nicht unterschiedlicher aussehen können.

Aber wenn wir zusammen im Mittelfeld spielten, ich rechts, er links, kombinierten wir wie im Traum. Nichts konnte uns aufhalten. Wir spielten die schnellsten Doppelpässe in der Liga. Der Ball zischte im Zickzackkurs von einem Ende des Feldes zum anderen. Wir machten den Gegner schwindelig.

Harry war begeistert. Er gab Warren sofort einen Stammplatz in der Mannschaft. Jannik fand das gar nicht gut. Er musste sich öfter mit der Ersatzbank zufriedengeben. Für mich war es super. Ich hatte endlich einen guten Spielpartner. Mit Warren an meiner Seite fühlte ich mich sicher. Ich konnte Dinge ausprobieren, die ich zuvor nie gemacht hatte: Tricks, Dribblings, den Ball laufen lassen. Mein Spiel machte einen Quantensprung.

In kürzester Zeit erreichte unsere Mannschaft einen Platz unter den ersten drei der Tabelle. Es war eine Erfolgsgeschichte wie aus dem Märchenbuch. Ein guter Spieler mag keine gute Mannschaft ausmachen, aber ein starkes Mittelfeld bedeutet viel. Warren und ich mussten nur unserem großen Stürmer Leonard den Ball vor die Füße legen und die Tore fielen wie reife Früchte.

Ein paar Wochen nach Warrens Aufnahme in die Mannschaft bat mich Harry zu einem privaten Gespräch ins Vereinsheim. „Ich muss mit dir reden, Junge", meinte er und spendierte mir eine Apfelschorle an der Theke. Danach war mir klar, dass die Lage ernst war.

Harry nahm einen großen Schluck Bier zu sich und sagte dann langsam und bedächtig: „Die Juniorenabteilung der *Löwen* hat sich bei mir gemeldet. Sie suchen Verstärkung. Im Mittelfeld. Du stehst auf ihrer Liste. Sie wollen dich anschauen …"

Ich fiel fast vom Hocker. Zwei Millionen Zellen in meinem Körper jubelten gleichzeitig

Du stehst auf ihrer Liste. Sie wollen dich anschauen.

„Tooooooor!!“. Endlich war es so weit! Jahrelang hatte ich nicht aufgegeben, daran zu glauben. Ich wusste, dass ich eines Tages eine zweite Chance bekommen würde. Mein Traum lag doch in Reichweite!

„Wann kommen sie?“, fragte ich Harry atemlos.

„Am Ende des Monats. Zum Turnier in Sendling.“

„Das ist doch super!“

„Is there something to **celebrate**?“, fragte Warren, der wie durch Gedankenübertragung gerade ins Vereinsheim kam.

„The *Löwen* Scouts are coming to see me at the **tournament** in Sendling!“, teilte ich ihm die gute Nachricht mit.

„Are you serious?“, fragte Warren erstaunt nach und Harry bestätigte. „That's great! You need to start **practising scoring** some **goals**“, schlug er vor.

Das verstand ich nicht. „Why? Leonard's the **striker**. He always scores the goals for us.“

Warren verdrehte die Augen. „Do you want them to take Leonard or you? Hey! Du bist dran! Understand? You're a great midfield player, but all you ever do is **set up** Leonard to score goals. The guy just has to **stick out** his foot and the ball goes into the net. He doesn't make the goals, we do. And when the scouts come to Sendling, we're going to show them that *you* can score goals too!"

Harry trank sein restliches Bier auf ex und sprang von seinem Hocker runter. „Ich merke schon, du hast hier einen guten Trainer“, sagte

to celebrate – feiern; tournament – Turnier; to practise – üben;
to score a goal – ein Tor schießen; striker – Stürmer;
to set up – vorbereiten; to stick out – ausstrecken

er zu mir und klopfte Warren freundlich auf die Schulter. „Aber steigert euch nicht zu sehr rein. Du musst entspannt bleiben, Dennis. Es ist nur ein Turnier wie alle anderen auch. Denk nicht zu viel darüber nach."

„But we can still do some extra training before the tournament, right Boss?", fragte Warren besorgt.

Harry lächelte. „Ja, natürlich. Hauptsache, es macht euch Spaß. Du schaffst es schon, Dennis. Ich glaube an dich."

Für einen kurzen Augenblick dachte ich, dass Harry Tränen in den Augen hatte. Er drehte sich schnell um, ließ das leere Glas auf der Theke stehen und eilte aus dem Vereinsheim, ohne noch ein Wort zu sagen.

„What's wrong with him?", fragte mich Warren überrascht und bestätigte meinen Verdacht: „It looked like he had **tears** in his eyes."

Damals hatte ich nicht die leiseste Ahnung, warum Harry den Tränen nah war. Ich dachte, er hätte etwas im Auge. Oder in beiden Augen. Einige Wochen später war ich schlauer. Harry hatte guten Grund, gerührt zu sein.

Jetzt galt es, mich für das Turnier in Sendling

tears – Tränen

vorzubereiten. Um mich herum stieg der Druck enorm. Meine Eltern waren völlig von den Socken, als ich ihnen vom bevorstehenden Scouting erzählte. Sie redeten Tag und Nacht davon. Zum ersten Mal in meinem Leben hatte ich sogar Mitleid mit meiner kleinen Schwester. Sie war jetzt ganz aus dem Rennen. Dass meine Eltern die Neuigkeit nicht per Megaphon in ganz Schwabing rumposaunten, war ein Wunder.

Innerhalb kürzester Zeit wussten dennoch alle in unserem Viertel Bescheid. Ich konnte nicht mal zum Kiosk gehen und mir den *Kick* kaufen, ohne darauf angesprochen zu werden.

„Bereitest du dich gründlich vor?“, fragte Fayad, unser Urmünchner Kioskbesitzer, der in seinem früheren Leben Ägypter gewesen war.

„Worauf?“

„Du weißt schon! Auf den Besuch.“

„Welchen Besuch?“

„Die Scouts, Mann!“

„Ach so! *Den* Besuch, meinst du. Ja, klar.“

Wenn ich Gemüse für meine Mutter einkaufte, tat Frau Lodz ein paar Gratistomaten in die Tüte. „Das bringt Glück“, sagte sie augenzwinkernd und drehte sich zum nächsten Kunden mit den Worten: „Er wird bald für die *Löwen* spielen.“

Herr Jakobs, der Metzger, suchte immer das beste Stück Fleisch für mich aus. „Damit du kein Gramm Fett am Leib hast!“ Sogar die Friseurin in der Schinkelstraße bot mir einen Schnitt umsonst an. „Ich kann dir Strähnchen machen, Schätzchen. Oder Cornrows. Was auch immer du willst. Eine gute Frisur hilft, glaub mir, das sagen alle.“

Mein Vater organisierte sogar eine Audienz beim örtlichen Pfarrer. „Ein Mensch, der frei von Sünden ist, ist auch auf den Füßen leichter“, versicherte mir der Kleriker im Beichtstuhl. „Entlaste dich, mein Sohn, damit du in Sendling wie ein Engel durch die Gegend fliegen kannst.“

Außer einer ziemlich spannenden Sünde mit einem Mädchen namens Jasmin letztes Jahr hatte ich leider nicht viel anzubieten.

Warren verbrachte jeden Nachmittag mit mir. Wir trafen uns nach der Schule und trainierten zusammen. Das machte Riesenspaß. Warren hatte immer wieder tolle Ideen. Wenn er nicht ein paar neue Tricks im Internet gefunden hatte, erfanden wir einfach unsere eigenen: den Schwabinger Überflieger, die Münchner Schaufel und den „Mancunian Twist“. Mein Repertoire wuchs von Tag zu Tag.

Warren versorgte mich auch mit vielen Informationen. Er schleppte mich zu den *Löwen* mit, wo wir das C-Jugend-Training gemeinsam anschauten. Wir machten Ausflüge zu den anderen Teams, die beim Turnier in Sendling unsere Gegner sein würden. Und wir besprachen unsere Taktik. Warren organisierte sogar eine kleine DVD-Sammlung für mich.

„They're full of really good practice tips", betonte er, als er mir die Plastiktüte voller DVDs heimlich ins Vereinsheim brachte.

Ich schaute mir die DVDs an. „Michael Ballack? Lothar Matthäus? Franz Beckenbauer? Gerd Müller?", sagte ich verwundert. „Where did you get these from?"

„Some of the best players of all time, wouldn't you **agree**?", nickte Warren zufrieden. „And they all played for Bayern Munich! Who says you can't learn from the enemy?!"

Am Ende konnte ich eine Menge vom „Feind" lernen und kurz vor dem Turnier in Sendling war ich ohne Zweifel auf dem Höhepunkt meiner Fähigkeiten. Ich war fit wie ein Turnschuh und schneller als ein Ferrari. „Tunnelblick" war mein zweiter Name. Ich war mir

to agree – zustimmen

mehr als hundert Prozent sicher: Diesmal konnte nichts schiefgehen.

Wenn ich nur geahnt hätte, wie falsch ich lag.

*Connections*

The day before our tournament in Sendling, my dad took me to see where he worked. His office was at the club's headquarters in Säbener Straße. It was a big **complex** where all the teams trained together and the various managers had their offices, including my dad.

After showing me around, Dad took me onto one of the pitches. He was in a really **good mood**. A couple of youth teams were practising. It looked like the U16 and U15. One of the **training sessions** was just **coming to a close.** The trainer had just finished talking to his kids and was sending them off to the **changing**

complex – Geländekomplex, Anlage;
to be in a good mood – gut gelaunt sein;
training session – Trainingseinheit;
to come to a close – zu Ende gehen

**room.** He was a tall, athletic-looking man with a back **as straight as a die** and short blond hair. He was quite young, around forty. My dad went up to him and shook his hand.

"Hello, Bruno! Good work today?"

Bruno smiled and watched the boys walking back to the clubhouse. "Not bad," he said. "But we're still having a bit of a problem in the mid-field."

My dad nodded and smiled **knowingly.** Then he turned to me. "Oh, excuse me! I didn't **introduce** you. This is my son, Warren …" Bruno shook my hand. "He plays for FSV Schwabing at the moment. He's in the C-Jugend."

Bruno nodded. "Is your trainer Harry Müller?"

"Yes," I said. "Do you know him?"

"Everybody in Munich knows Harry Müller!" Bruno laughed. "He's older than football itself."

My dad laughed as well, but it didn't sound like a real laugh. Something **was on his mind.**

"Warren says the team at Schwabing isn't that

changing room – Umkleidekabine;
as straight as a die – kerzengerade; knowingly – wissend;
to introduce – vorstellen; to sound like – sich anhören wie;
to be on one's mind – sich gedanklich beschäftigen mit

good," said my dad. What?! I couldn't **believe** what I was hearing! That wasn't true! I'd only said that Dennis and I were better than the others. I never said they were *bad*.

I wanted to protest, but my dad didn't stop talking: "I told Warren he should look for another team if he really wants to play for Manchester United one day."

Bruno understood what my dad was trying to say and he didn't look too **impressed**.

"If he's good enough to play for Manchester United then maybe we should take a look at him first," said Bruno.

My dad's face lit up like a Christmas tree. "Hey, that would be great! When do you want to take a look? Now? Is there a ball around here? Come on, Warren! Show him some of your tricks."

I **didn't move a muscle**. Bruno stopped my dad.

"Wait a moment! If I come to take a look at him, then I'll come and see him play with FSV," he explained. "I want to see him playing *with* people."

to believe – glauben; impressed – beeindruckt;
not to move a muscle – sich nicht von der Stelle bewegen

"Of course!" said my dad, excited like a little child. "When would be a good time?"

Bruno **turned to me.** "Are you playing any tournaments in the next couple of weeks?"

"No," I lied quickly.

Dad looked at me really shocked. "But you've got a tournament in Sendling next weekend! Bruno could come to that."

"I don't know if I'll be playing," I lied again. I didn't want any more scouts coming to the tournament at Sendling. That was Dennis' day. It was all about one thing: getting Dennis into the *Junglöwen*. We'd spent weeks training for this.

"What do you mean?" My dad was surprised. "Harry always puts you in the team."

I didn't want to explain. **Fortunately** Bruno seemed to understand. "No problem," he said. "I'm sure there'll be lots of other tournaments. If you ever want me to take a look at your football, just let me know," he **offered** kindly.

I thanked Bruno and he said goodbye to my dad. After he'd gone, Dad turned to me. His face was red with anger.

turn to someone – sich an jemanden wenden;
fortunately – zum Glück; to offer – anbieten

“**What the devil** do you think you’re doing?” he **roared** at me. “Don’t you want to play football professionally?”

Of course I did. Later. **Instead of** giving my dad an answer, I just started walking slowly back to the car. I knew I had done the right thing, but **deep down** I hoped Bruno would give me another chance one day.

## Abpraller

Am Tag des Turniers war ich nervöser als eine Katze mit langem Schwanz in einem Raum voller Schaukelstühle. Als wir uns für das erste Spiel warmliefen, suchte ich die Zuschauermenge nach den *Löwen*-Scouts ab. Sie standen an der Seitenlinie, ein Dicker und ein Dünner, in hellblauen Trainingsanzügen, bewaffnet mit dunklen Sonnenbrillen, Notizblöcken und Bleistiften. Eine Aktentasche lag vor ihren Füßen.

what the devil …? – was zum Teufel …?; to roar – anbrüllen; instead of – statt; deep down – tief

Gegenüber standen meine Eltern mit der Hälfte des Schwabinger Dienstleistungssektors: Fayad, Frau Lodz, Herr Jakobs, sogar Melanie, die Friseurin – sie waren alle da. Nur meine Schwester schaute sich lustlos in der Gegend um. Sie hatte so viel mit Fußball am Hut wie ein Chinese mit Leberkäse.

„Looks like you've got a fan club already!“, grinste Warren.

Das erste Spiel war nicht schön. Harry nannte so was ein Sandwichspiel: ein frühes und ein spätes Tor, dazwischen viel Gehacktes. Es war ein Kampf um jeden Grashalm, aber es blieb beim 1 : 1. Ich war nicht gut, ich wusste es. Ich fühlte mich nicht wohl. Ich hatte den Eindruck, dass jeder meiner Schritte unter die Lupe genommen wurde. Ich sah, wie mein Vater mir mit angehaltenem Atem zuschaute. Immer wieder musste ich in die Richtung der 1860er-Scouts schauen. Sie schrieben fiebrig in ihre Notizblöcke. Am liebsten hätte ich das Spiel kurz unterbrochen und wäre zu ihnen rübergegangen: „Äh, Entschuldigung, darf ich kurz sehen, was Sie da notiert haben? Ist alles okay?“

Aber ich spielte natürlich weiter.

Nach dem Spiel machte mich Warren zur

Schnecke. „**What's wrong** with you, Dennis?", fragte er mich, als wir vom Spielfeld latschten. „Have you forgotten how to play football, or what?"

Er hatte recht. Ich war so darauf fixiert, einen guten Eindruck bei den Scouts zu machen, dass ich nichts auf die Reihe bekam.

„Just relax!", beriet er mich. „Forget about the scouts! Just **imagine** they're not here …"

Das war ein guter Tipp. Im zweiten Spiel lief es besser. Warren und ich beherrschten das Spielfeld. Wir eroberten den Ball tief in der eigenen Hälfte und rückten schnell nach vorne, hungrig aufs erste Tor. Wir gewannen das Spiel 2:0: ein Tor von Leonard, nachdem Warren einen tödlichen Pass durch die Mitte abgeliefert hatte; das zweite Tor gelang nach einer glücklichen Vorlage von mir. Ich wollte eigentlich schießen, aber der Schuss wurde zur Flanke und traf Leonard zufällig am Kopf. Egal! Jedes Tor zählt.

„You're playing much better", meinte Warren nach dem zweiten Spiel. „**No worries**!", beruhigte er mich wieder gut gelaunt. „We have two more games. The goals will come!"

what's wrong? – was ist los?; to imagine – sich vorstellen;
no worries! – keine Sorge!

Aber im dritten Spiel blieb Warren auf der Bank. Harry hatte ihn ausgewechselt.

„Wieso das denn?“, wollte ich wissen. Diese Taktik war mir ein völliges Rätsel.

„Bin ich hier der Trainer oder du?“, fuhr mich Harry an.

„Aber mit Warren spiele ich viel besser!“

„Glaub mir, es ist besser so.“

Harry murrte und klagte und konnte mir kaum in die Augen schauen. Irgendwas war komisch mit ihm.

Statt also mit Warren zu spielen, musste ich mich mit Jannik quälen.

Kurz vor der Halbzeit kam eine Riesenchance: Wir waren zu zweit vor dem gegnerischen Tor, Jannik links, ich völlig frei in der Mitte. Jannik hätte mir nur den Ball zuspielen müssen, aber nein, er wollte ein Solo hinlegen. Als er zum Torschuss ausholte, sah ich, wie sein Oberkörper nach hinten kippte. Der Ball flog entsprechend hoch über die Latte, auf direktem Kurs zum Mond.

Ich war stinksauer – und stürmte auf Harry zu, der an der Seitenlinie stand. „Lass doch Warren spielen!“, beschwerte ich mich.

„Konzentrier dich auf *dein* Spiel!“, fauchte er zurück und schickte mich wieder aufs Feld.

Zum Glück blieben die *Löwen*-Scouts auch zum vierten Spiel und Harry ließ Warren wieder auflaufen. Und die Magie war wieder da. Dank des zauberhaften Zusammenspiels mit Warren gelang mir ein grandioser Hattrick. Nichts konnte mich aufhalten. Im gegnerischen Tor hätten auch fünf Bäume stehen können.

Die *Löwen*-Scouts sahen beeindruckt aus. Sie nickten einander zu und steckten ihre Notizblöcke in die Aktentasche. Jetzt tickte die Uhr nur noch auf die Stunde der Wahrheit zu.

Warren und ich holten uns eine Weißwurst zur Belohnung. Als wir zum Spielfeldrand zurückkamen, waren die *Löwen*-Scouts mit Harry ins Gespräch vertieft. Wir setzten uns auf die Bank und schauten ihnen eine Weile zu. Während sie eifrig diskutierten, zeigten sie immer wieder auf mich.

Warren grinste. „Have you been practising your **signature** for the **contract**?“, scherzte er. Komisch war nur, dass Harry die ganze Zeit energisch den Kopf schüttelte.

Mein Vater lauerte hinter uns. „Die kommen! Die kommen! Die *Löwen* kommen für dich“,

signature – Unterschrift; contract – Vertrag

wiederholte er aufgeregt, bis ich ihn genervt wegschickte. Ich war allein schon nervös genug.

Nach einer Weile kamen die zähen Verhandlungen zu einem Abschluss und die zwei 1860er-Scouts näherten sich Warren und mir.

„Hallo, Jungs, ein Superspiel habt ihr gemacht!“, strahlte der schlaksige Scout zur Begrüßung.

„Wir sind von den *Junglöwen,* der Junioren-abteilung des TSV 1860 München“, informierte uns der Dicke förmlich.

„Ich weiß“, sagte ich mit vollem Mund. Hauptsache entspannt bleiben. Mein Puls lag schon im roten Bereich.

Aber der dicke *Löwe* schaute mich gar nicht an.

„Do you know 1860 München?“, fragte er Warren.

Warren war kurz irritiert, dann erwiderte er frech: „Um, no … is it a **washing powder**?”

Der Dicke schnaubte beleidigt.

„A beer?“, versuchte Warren erneut.

„No!“, unterbrach ihn der Schlaksige empört. „It’s a football club. And you know, we are

washing powder – Waschpulver

We would like to invite you
to come to 1860 Munich for a trial.

one of the top ten biggest clubs in Germany if you count our **members**!“

Warren zuckte desinteressiert mit den Schultern und biss in seine Weißwurst. Ich fragte mich die ganze Zeit: Warum reden sie mit Warren? Ich bin doch hier!

Dann kam es. Wie eine zweifüßige Grätsche von hinten kurz vorm Fünfmeterraum.

„We saw you play …“, sagte der Schlaksige

member – Mitglied

zu Warren. „We would like to invite you to come to 1860 Munich for a **trial**.“

Nein, das kann nicht sein! Ich höre wohl nicht richtig. Sie sprechen mit dem Falschen, meine Herren. Ich bin doch hier. Sehen Sie mich nicht? Bin ich unsichtbar geworden?

Warren zuckte überrascht zusammen. „A trial?“

„Yes, a six week trial for the youth team“, erklärte der Schlaksige. „If you pass the trial, you can **join** the team.“

Warren versuchte, sich dumm zu stellen. „What team?“, stammelte er fassungslos, aber der dicke Scout nahm schon ein Blatt Papier aus seiner Aktentasche und drückte es Warren in die Hand.

„Here are the training times“, meinte er unbeirrt. „You should talk to your parents about it. We need their **permission**.“

Es war so schrecklich, ich dachte, ich sterbe. In dem Moment wäre ich lieber ein halb angebissenes Stück Weißwurst gewesen als Dennis Konrad aus Schwabing, München. Ich wollte mich zu einem Ball zusammenkauern und mich weit wegtreten lassen. So weit wie mög-

trial – Probetraining; to join – eintreten; permission – Erlaubnis lich. Ich wollte die Scouts nicht verstehen. Ich wollte, dass ich mich verhört hatte, dass alles nur ein schlechter Traum war. Aber das war nicht der Fall. Die *Löwen*-Scouts wollten Warren, nicht mich. So einfach war das.

Als Warren die Trainingsliste in die Hand nahm, schaute er unglücklich zu mir rüber. Aber ich war schon auf den Beinen und machte mich wortlos auf den langen Weg zum Vereinsheim zurück. Ich wollte allein sein. Mich in der Umkleidekabine einsperren und mir die Seele aus dem Leib heulen. Wenn es wirklich einen Fußballgott gibt, dann hatte er mich gerade zum zweiten Mal in die Hölle geschickt.

## *The early worm*

"Just a moment, please," I said to the *Löwen* scouts and I was on my feet as fast as you can say 'Man-U'. I ran after Dennis, leaving the two scouts standing in front of our half-eaten sausages.

"Wait a second!" I called after Dennis. He

didn't stop. He just kept walking towards the clubhouse. I soon **caught up** with him.

"Dennis, wait!" I **pleaded**, but Dennis didn't want to listen.

"What's the problem?!" he said without stopping. "They want you, not me. So what? That's OK for me. **I don't care**! Just go to the *Löwen!*"

That wasn't true of course. It wasn't OK for him. He *did* care. He **was** almost **in tears**.

It was **understandable** that Dennis was angry. I would have been angry in his position. The only problem was: there was nothing I could do about it. The scouts had asked *me* and not him. It was as simple as that. I couldn't **wish** it **away**.

But the strange thing was: at the same time as feeling really bad about Dennis, I was actually quite **chuffed**. I mean, a professional football club was interested in having me in their youth **squad**! That doesn't happen every weekend. It was an incredible **opportunity**.

"I'm going to say 'no' to them," I told Dennis.

"Say 'no' to the *Löwen?*! Are you crazy?"

to catch up – aufholen; to plead – flehen, bitten;
I don't care – mir ist es egal; to be in tears – in Tränen aufgelöst sein;
understandable – verständlich;
to wish something away – etwas ungeschehen machen wollen;
chuffed – froh; squad – Mannschaft; opportunity – Gelegenheit

Dennis stopped suddenly and turned to me, his face red with anger. “You can’t **turn down** TSV 1860!” He shouted and then added in German: “So was Schwachsinniges habe ich noch nie gehört!”

“But what about you?”

“What about me? You can’t turn down the **offer** just because of me!”

“But … but …” Dennis was right. I would never have **stood in his way** if Manchester United had offered him a place in their youth team. I would have been happy for him.

“My dad would never let me train with them **anyway**,” I reminded him. “If there’s one football club in the world that’s an absolute **no-no**, then it’s 1860.”

“Then don’t tell your dad!” cried Dennis with tears in his eyes. Then he turned around and ran all the way back to the clubhouse.

I knew there was **no point** following him. He wanted to be alone. I could understand that. Instead I went back to the *Löwen* Scouts.

“Did you talk to your parents?” they asked me.

to turn down – ablehnen; offer – Angebot;
to stand in someone’s way – jemandem im Weg stehen;
anyway – *hier:* sowieso; to be a no-no – tabu sein; no point – sinnlos

I shook my head. The tall, skinny scout took a visiting card out of his **wallet**.

"Then ask them to call us," he said, pressing the card into my hand. "But don't wait too long: Der frühe Vogel fängt den Wurm, as we say in Germany."

Worms or no worms, I needed time to think about it. There was no way I was going to risk my friendship with Dennis. Not even for this.

## Ausgewechselt

Ich nahm die längste Dusche meines Lebens. Ich habe so viel Wasser verbraucht, man hätte damit einen Waldbrand im Regenwald des Amazonas löschen können. Die ganze Zeit stellte ich mir vor, wie Warren in einem hellblauen Sechzger-Trikot das entscheidende Tor gegen Real Madrid im *Champions-League*-Finale schoss. Währenddessen hockte ich mit meinem Vater auf der Tribüne. Am nächsten

wallet – Portemonnaie

Tag würden wir über den frisch gekrönten „König der Löwen“ in der Zeitung lesen. Unter der Schlagzeile würde ein Foto von Warrens spektakulärem Fallrückzieher zu sehen sein.

Meine Eltern spürten mich im Umkleideraum auf. Sie versuchten, gute Miene zum bösen Spiel zu machen, aber nichts konnte mich trösten. „Die Scouts kommen bestimmt in ein paar Monaten wieder“, rief mein Vater durch den brennend heißen Wasserstrahl hindurch. „Dann werden sie dich nehmen. Da bin ich mir ganz sicher …“

Ich nicht. Wie oft bekommt man mehr als zwei Chancen im Leben? Es war vorbei. Ich wusste es.

Ich war froh, als meine Familie mich endlich in Ruhe ließ. Meine Eltern nahmen meine Schwester mit nach Hause. Sie wollte unbedingt ihre Lieblingssendung sehen: *La-Li-Lutschibär.* Ja, warum auch nicht? Sie konnte die Größenordnung der Katastrophe nicht verstehen.

Als ich aus der Dusche kam, wartete Harry auf mich. Er saß auf der Bank vor der Schließfachwand und kaute dabei nachdenklich auf einem Grashalm. Die Spitze war weiß. Der Grashalm stammte aus der Seitenlinie.

Während ich mich abtrocknete und anzog, sagte Harry keinen Ton. Musste er auch nicht. Er starrte nur ins Leere. Als ich fertig war, schaute er zu mir hoch. „Jetzt weißt du, warum ich Warren ausgewechselt habe“, sagte er leise.

„War er so viel besser als ich?“

Harry schüttelte langsam den Kopf. „Es geht nicht um besser oder schlechter. Er ist anders. Und genau das haben die *Löwen*-Jungs anscheinend gesucht. Nimm es ihm nicht übel. Er hat für dich gespielt.“

Ich nickte traurig. „Ich weiß. Aber trotzdem …“ Dann ging ich schweigend aus der Umkleidekabine. Draußen war das Gelände menschenleer. Ich stieg in die Straßenbahn und fuhr nach Hause.

Als ich später die Ungererstraße entlangging, sah ich einen schwarzen Mercedes A-Klasse vor unserer Haustür. Er glänzte unter der Straßenlaterne. Das Kennzeichen war sehr ungewöhnlich: M-FCB-101. Ich ging über die Straße am Auto vorbei. Plötzlich flogen die zwei vorderen Türen gleichzeitig auf. Zwei Männer stiegen aus.

„Dennis? Dennis Konrad?“, fragte der Ältere, ein Mann im schwarzen Anzug mit gewelltem, grauem Haar und einem italienischen Akzent.

Sie haben mich zu Tode erschreckt. Ich dachte: Was kommt jetzt? Eine Entführung? Ich muss Sie leider vorwarnen: Meine Eltern werden nicht viel Lösegeld für einen Versager wie mich bezahlen. Sie hätten mehr davon, wenn Sie meine ersten Fußballschuhe auf dem Flohmarkt verkaufen würden.

„Das ist er“, sagte der andere und nickte seinem Partner zu. Er trug einen Trainingsanzug und hatte ein freundliches Gesicht. Seine Haltung war kerzengerade.

„Steig ins Auto, *ragazzo*“, befahl mir der ältere Herr und zeigte mir kurz seinen Ausweis. „Wir müssen mit dir reden.“

Auf dem Kärtchen sah ich einen roten Kreis mit einem blau-weiß karierten Muster in der Mitte: das Logo des FC Bayern. Ich verstand die Welt nicht mehr.

„Wir haben die Vorhänge gesehen“, sagte der jüngere Blonde und zeigte zum ersten Stock hoch. „Wir dachten, es wäre besser, hier unten auf dich zu warten. Wir wollen keinen Ärger.“

Ich schaute zu unserem Fenster hoch. Hinter dem Glas hingen hellblaue TSV-Vorhänge, der ganze Stolz meines Vaters. Der schwarze Löwe blickte auf die Straße hinaus. Während ich noch hinschaute, zog jemand einen der Vorhänge kurz zur Seite: meine Schwester. Sie spähte auf die Straße, sah mich und runzelte fragend die Stirn.

„Wir sind von den Bayern“, zischte der ältere Herr eindringlich. „Wir können hier nicht reden.“

Ich las von den Lippen meiner Schwester ab, wie sie aufgeregt nach meinem Vater rief. Gleichzeitig zeigte sie aus dem Fenster auf mich.

„Ich komme mit“, beschloss ich sofort und

sprang mit den zwei Männern ins Auto, bevor mein Vater mich sah.

Als wir losfuhren, stellten sich meine Entführer vor. „Ich bin Franco Toni, Leiter der gesamten Jugendabteilung des FC Bayern“, sagte der Mann auf dem Beifahrersitz. „Das ist Bruno Koestler, Trainer der U15.“

Der Mann am Steuer übernahm übergangslos das Wort. „Wir waren vorhin beim Turnier in Sendling. Um Warren Pott anzuschauen. Kennst du ihn?“

Mir rutschte das Herz in die Hose. Ob ich Warren Pott kannte? Ich hatte langsam die Nase voll von ihm!

„Sein Vater bestand darauf“, setzte Bruno fort. „Der Junge aber nicht. Er hat mich abgewimmelt. Aber vielleicht kennst du seinen Vater ja auch? Zu dem kann man nicht Nein sagen.“

„Warren hat gut gespielt“, gab ich vom Rücksitz aus kleinlaut zu.

Bruno nickte. „Er hatte guten Nahballkontakt. Aber es fehlt ihm was.“

„Was denn?“

„Etwas, das du hast …“ Ich wartete schweigend auf die Antwort. Dann kam sie: „Biss“, sagte der junge Trainer einfach. „Du bist ein Kämpfer.“

Ein Kämpfer, der zurzeit niedergeschlagen am Boden liegt, seine Zähne einzeln auf dem Asphalt verstreut.

„Du bist nach dem Turnier verschwunden. Wir haben dich überall gesucht! Wo warst du?“, fragte mich der Jugendleiter Signor Toni auf dem Beifahrersitz und lachte amüsiert vor sich hin.

„Ich war unter der Dusche.“

„Zwei Stunden?“

„Mir ging es nicht gut.“

Bruno nickte verständnisvoll. „Du bist ein *Löwe*, nicht wahr?“, stellte er fest und schaute mich im Rückspiegel an. Ich nickte. „Aber weißt du was, Dennis? Fußball kennt keine Farben. Es zählt nur der Ball – und der ist immer rund, egal, von welcher Seite man ihn betrachtet.“

„Ich verstehe nicht.“

„Wir mögen, wie du spielst“, erklärte Bruno. „Du bist gut. Wir wollen dich zum Probetraining einladen.“

Ich dachte, sie erzählen mir ein Märchen, sie haben mich mit jemandem verwechselt.

Franco Toni lachte wieder. „Die *Löwen* haben echt keine Ahnung! Der dicke Engländer wird keine drei Jahre durchhalten. Sie hätten *dich* nehmen sollen. Aber mach dir keine Sorgen“, drehte er sich zu mir um und zwinkerte, „wir haben erst ihre Entscheidung abgewartet. Wir sind keine Diebe, *capito?*“

„Das Probetraining bei uns dauert sechs Wochen“, erklärte Bruno sachlich.

Mir schwirrte der Kopf. „Probetraining? Beim FC Bayern?“, fragte ich sicherheitshalber nach. „Ich?“

„Ja“, nickte Franco Toni stolz. „Der größte Verein Deutschlands. Toll, nicht wahr?“

Fieberhaft dachte ich nach. Ich musste an unser Vereinslied denken: „Einmal Löwe, immer Löwe, Treue für ein Leben lang.“ So ging es. Das schönste Lied der Welt. Konnte ich das alles einfach über Bord werfen?

Ich senkte den Kopf. „Ich kann nicht“, nuschelte ich vom Rücksitz aus.

Franco Toni musterte mich ernst. „Wer sagt, dass du das nicht kannst?“, fragte er besorgt.

Ich wollte ihm erklären, dass meine Familie mich rausschmeißen würde, meine Freunde mich verstoßen, meine Oma mich enterben. Sogar unsere Katze Lilli die Löwin würde mich hassen, wenn ich in der Jugend des deutschen Rekordmeisters spielen würde. Stattdessen murmelte ich resigniert: „Ich.“

Es ging nicht anders.

„Halten Sie bitte an“, sagte ich nach einer langen Pause.

„Sollen wir vielleicht mit deinem Vater reden?“, fragte mich Bruno, als er den Wagen wendete und mich in die Ungererstraße zurückfuhr.

Ich schüttelte den Kopf und sagte keinen Ton. Mein Vater würde sich wahrscheinlich aus dem Fenster werfen, wenn ich bei den Bayern trainieren würde. Auch wenn wir nur im ersten Stock wohnten.

Vor unserem Haus stieg ich aus. Franco Toni reichte mir seine Karte. „Falls du es dir anders überlegst, *ragazzo*, kannst du dich jederzeit bei uns melden.“ Er drückte mir die Karte in die Hand. „Ich meine das ernst.“

Bruno lächelte mich aufmunternd an. „Überleg es dir. Wir laufen nicht weg.“

Als ich die schwere Tür hinter mir schloss, schaute ich zu unserer Wohnung hoch. Die blauen Vorhänge hingen wie immer am Fenster. Der schwarze Löwe bewachte die Straße mit gespreizten Krallen. Und ich hatte das dumpfe Gefühl, dass ich gerade den größten Fehler meines bisherigen, ziemlich kurzen Lebens gemacht hatte.

Hinter mir hörte ich, wie der schwarze Mercedes leise abfuhr. Das Auto bog in eine Nebenstraße. Die Bayern-Trainer waren weg.

## *Friendship first*

I couldn't get Dennis' words out of my head: "So don't tell your dad about it!" he'd said, and the idea made me smile. I liked it. I mean, why not? There's no **law** saying you have to tell your parents everything. Maybe I really could go to the *Junglöwen* **in secret**? But only if Dennis really **didn't mind**. The last thing I wanted was to **ruin** our friendship.

My dad was waiting in the sitting room when I got home after the tournament, watching TV. As soon as he heard me, he **jumped up** from his chair.

"What did they say?" he asked, **bursting with curiosity**.

"What did who say?" I replied, throwing my

law – Gesetz; in secret – insgeheim, im Geheimen;
not to mind – nichts dagegen haben; to ruin – zerstören;
to jump up – aufspringen; to burst with curiosity – vor Neugier platzen

bag onto the floor and going straight into the kitchen to get something to drink.

“The coach!” said my dad, following me.

I thought he was talking about the *Löwen* scouts.

“They liked the way Dennis played,” I lied to him. “They **offered him a trial.**”

“Dennis! Dennis! Dennis!” said my dad, **annoyed**. “All you ever do is talk about Dennis! I want to know what the coach said to *you!*”

“To me?” I didn’t understand what he was talking about. Did he mean the Boss? “Harry **was pleased** with my game,” I told him.

“Harry? Harry?” cried my dad. “I’m not talking about Harry! What did Bruno Koestler say to you? He did talk to you, didn’t he?”

“Bruno was there?” I asked in surprise. My dad never **mentioned** that.

“Yes! He came with the head of the youth department. Franco Toni. Didn’t you talk to them?”

I shook my head. “I didn’t even see them, **let alone** talk to them!”

to offer somebody a trial – jemandem ein Probetraining anbieten;
annoyed – verärgert;
to be pleased – zufrieden sein;
to mention – erwähnen; let alone – geschweige denn

Dad looked **confused**. "They didn't come up to you after the tournament?"

"No."

There was a long **silence** while Dad thought about this. He sat down slowly at the kitchen table, **lost in thought**.

"There must be a **misunderstanding**," he decided. Then he picked up the phone. "I'm going to give Bruno a call and clear this up."

Dad was just about to dial Bruno's number when the phone rang. Dad answered: "Hello? Who's speaking?" He listened to the caller and held out the phone to me. "It's Dennis," he said, still annoyed.

It was a relief to end the conversation with Dad.

"Hi, Dennis!" I said.

"Warren, you won't believe what just **happened** to me!" cried Dennis into the phone, talking really quickly. "The Bayern coaches were there. At the tournament. They saw me. They were waiting for me outside my flat. They want me to come for a trial!"

Let me guess: Bruno Koestler and Franco Toni?

confused – verwirrt; silence – Stille; lost in thought – nachdenklich; misunderstanding – Missverständnis; to happen – passieren

“That’s fa-” I started to say, but Dennis didn’t let me finish.

“I said ‘no’ to them!” he told me, **breathless**.

“You turned them down?!” I cried out loud. Then I realised my Dad was still in the room. I quickly went to my bedroom and closed the door. “**Are** you completely **out of your mind**?”

“Yes,” said Dennis. “I think so.”

He sounded terrible. He was confused. Unhappy. He didn’t know what to do. I thought about the situation for a second, then I said, “Look, why don’t we meet at the clubhouse? In half-an-hour? Can you make it?”

Dennis agreed. As soon as I hung up, I **dialled** another number. There was only one person who could help us now: Harry Müller, the oldest *Löwen* fan I knew. Without him my plan couldn’t **work**.

“Hello, Boss? Ich bin Warren. Wir haben ein … ein … **emergency**. Bitte come to the Vereinsheim – now!”

breathless – atemlos;
to be out of one’s mind – den Verstand verloren haben;
to dial – wählen; to work – hier: funktionieren;
emergency – Notfall

## Spielregeln

„Natürlich gehst du hin! Sonst breche ich dir die Beine!“

Unser Trainer Harry war ein großer Freund des klaren Wortes. Manchmal war das auch ganz hilfreich. Wie jetzt zum Beispiel. Die Vorstellung, dass ich im Krankenhaus mit zwei kaputten Beinen landen könnte, schien mir ausreichend Ansporn zu sein, das Telefon in die Hand zu nehmen und den freundlichen Jugendleiter beim FC Bayern, Franco Toni, anzurufen.

Wir haben den perfekten Plan geschmiedet. Er sah so aus: Warren geht zu den *Junglöwen*, ich zum FC Bayern. Harry ruft unsere Eltern an und erzählt ihnen, dass er mit uns zweimal die Woche zusätzliche Trainingseinheiten absolvieren will. Feinschliff im Mittelfeld. Doppelpassoptimierung. Keine Ahnung, was er sich ausgedacht hat. Für unsere Teamkameraden in der C-Jugend galt das Motto: „Was du nicht weißt, macht dich nicht heiß.“

Der Knackpunkt würde erst *nach* der Probezeit kommen. Da lag der Hund begraben. Wenn die Vereine uns nach Hause schicken würden, dann wäre alles erledigt. Wenn sie uns behalten wollten, dann hätten wir ein ernst zu nehmendes Problem. Dann blieben nur noch der europäische Gerichtshof für Menschenrechte oder Amnesty International!

Nach der Krisenbesprechung im Vereinsheim war alles bis aufs i-Tüpfelchen geregelt. Ich rief Franco Toni an und erzählte ihm von meinem Sinneswandel. Warren tat das Gleiche bei den *Löwen*-Scouts. Harry meldete sich bei unseren Eltern:

„Grüß Gott, Walther!“ – das war mein Vater. „Schade, das mit den *Löwen*. Aber sie kommen wieder. Ich will mit Dennis etwas unternehmen. Ich habe ein paar Ideen, um sein Spiel zu verbessern. Wir müssen intensiv daran arbeiten. Ich brauche ihn für die nächsten sechs Wochen. Geht das klar?“

Papa hatte natürlich nichts dagegen. Bei Warrens väterlichem Sportdirektor war der Grund für mehr Trainingseinheiten etwas schwieriger zu vermitteln:

„Grüß Gott, Herr Pott! Excuse my English no good. I ... I ... – Mensch, das kann ich nicht! – I just say, your boy, he äh come to me training, two days in ze week, just for ze fun, you know, because I ... I ... Ach! Scheiß was drauf!“

Warrens Vater hatte schon verstanden. Die Freigabe lief ohne Ablösesumme. Warren und ich waren mit allen vier Beinen auf dem Transfermarkt.

Drei Tage später war ich auf dem FC-Bayern-Trainingsgelände in der Säbener Straße. Es war ein Traum. Vier Rasenplätze – einer davon sogar mit Rasenheizung! –, ein Kunstrasen und eine Turnhalle. Whirlpool, Rehabilitationsbereich, Entmüdungsbecken. Ich fühlte mich wie eine Naschkatze in der Schokoladenfabrik.

Ich bekam ein neues Trikot in die Hand gedrückt: knallrot, das Bayern-Logo auf der Brust, die Nummer 19 hinten drauf, darunter mein Name: KONRAD.

„Das gehört jetzt dir“, sagte mir Bruno bei der Übergabe. „Zumindest für die nächsten sechs Wochen. Zieh es an. Es ist wie jedes andere Trikot. Nur nicht blau.“

Ich schaute es an. Dieses Rot! Mein Leben lang war es die Farbe des Feindes gewesen. Jetzt sollte es meine zweite Haut werden. Ich machte die Augen zu, holte tief Luft und schlüpfte in das Trikot. Ich dachte, ich würde sofort Zielscheibe eines Blitzschlags direkt aus dem blauen Himmel werden, aber es passierte nichts. Bruno hatte recht. Es fühlte sich tat-

Das gehört jetzt dir.

sächlich an wie alle anderen Trikots. Als ich mein Spiegelbild im Fenster des Vereinsheims sah, dachte ich sogar, die Farbe steht mir gut!

Auf dem Platz lernte ich meine neuen Teamkollegen kennen: Es gab Mehmed, unseren Teamkapitän, auch als „der bayerische Brasilianer“ bekannt. Wenn man ihn spielen ließ, spielte er einem ein drittes Nasenloch ein. Unser Abwehrchef hieß Knut, bekannt als der „Bulle von München“. Eine wandelnde Eiche war das. Er sah aus, als hätte er schon an der Mutterbrust im Kraftraum genuckelt. Sein rechter und linker Verteidiger waren richtige Knochenarbeiter: Pamic sah aus wie eine Klobürste und Mosegi kam ursprünglich aus Afrika. Florian, der Torwart, hatte Sprungfedern in den Schenkeln. Stürmer Alex konnte aus fünfzig Metern Entfernung eine Fliege von der Torlatte schießen. Jeder hatte seine Stärken. Alle waren total fokussiert. Ich fühlte mich wie ein Grundschüler, der auf einmal Abitur machen sollte.

In den ersten vierzig Minuten berührten wir nicht mal einen Ball. Bruno trainierte ganz anders als Harry. Wo Harry auf Ausdauer und Kraft setzte, bevorzugte Bruno Feinmotorik und Spielintelligenz. Er machte komische Koordinationsübungen mit uns. Wir mussten minutenlang auf einem Bein auf Schaummatten stehen. Wir liefen eine Koordinationsleiter hoch und runter in allen möglichen Richtungen und mit allen erdenklichen Bewegungskombinationen. Wir sprangen über Reifen und Stangen, rückwärts, seitwärts, überall. Als Bruno mir endlich einen Ball zuwarf, hatte ich schon Muskelkater in den Oberschenkeln. Ich war fix und fertig.

Deswegen war ich erleichtert, als meine erste Trainingseinheit zu Ende ging. Ich war ausgelutscht wie eine ausgepresste Zitrone. Noch eine Viertelstunde länger und ich wäre auf allen vieren zum Vereinsheim zurückgekrochen. Die Jungs nahmen mich in den Rehabilitationsbereich mit. Das passte genau in mein Konzept. Wir durften uns im Entmüdungsbecken erholen.

„Wer ist eigentlich dein Lieblingsspieler?“, fragte mich Mehmed, als wir uns in der Blubberbrühe ausruhten.

Ich zögerte. Ich war kurz davor, den Namen meines Lieblingsspielers bei den *Löwen* zu erwähnen, bremste mich aber rechtzeitig. Ich lag halb nackt in einem Planschbecken voller mutmaßlicher Bayern-Fans. Es konnte unangenehm werden.

„Ich weiß nicht“, erwiderte ich ungeschickt.

„Ich kenne das Problem“, grinste Knut. „Elf Weltklasse-Spieler auf dem Platz und einer ist besser als der andere. Du kannst dich einfach nicht entscheiden.“

Ich nickte. „*El Tigre* ist nicht schlecht“, gab ich zu.

„Nicht schlecht?!“, staunte Alex. „Der Tiger ist der Beste!“

Es entstand eine hitzige Debatte über Bayerns eleganten Mittelfeldspieler. Manche Jungs stimmten meiner Wahl zu, anderen lehnten sie ab. Jedenfalls hatte jeder eine Meinung zu dem südamerikanischen Dribbelkönig.

Schließlich stellte Mosegi eine Frage in die Runde: „Haben wir eigentlich schon sein Autogramm?“

„Nein, natürlich nicht!“, erwiderte Pamic. „Der Tiger gibt keine Autogramme mehr. Zumindest nicht seit der Messerstecherei.“

Davon hatte ich gelesen. Zwei Kids hatten in der Schule Streit wegen seines Autogramms. Der eine hatte den Stift bereitgestellt, der andere das Papier. Deshalb erhob jeder Anspruch drauf. Einer zog dann ein Messer. Danach war die Meinungsverschiedenheit vorbei. Als *El Tigre* davon erfuhr, hieß es Feierabend. Keine Autogramme mehr. Schluss. Aus. Ende.

Florian, der sich schon vor dem Becken abtrocknete, drehte sich zu seinem Schließfach um und holte ein rotes Trikot raus.

„Schau dir *das* mal an, Dennis!“, sagte er stolz wie ein Gockel. Von oben bis unten zierten die Autogramme zahlreicher Bayern-Spieler das Trikot. Alex strahlte wie ein Schneekönig. „Es gehört uns allen! Bei uns gibt es keine Messerstecherei!“

„Ist bestimmt mächtig was wert“, meinte Knut vergnügt.

„Das Doppelte, wenn *El Tigre* es unterschreibt!“, fügte Florian hinzu.

„Kannste vergessen. An den Tiger kommt keine Sau mehr ran“, schlussfolgerte Pamic.

Dann platzte es aus mir heraus. Ich weiß nicht, was ich mir dabei gedacht hatte. Gar nichts vermutlich. Es war ein Versehen. Ich konnte nichts dafür: „Ich habe den Tiger vor ein paar Wochen getroffen“, gab ich an.

Plötzlich war alles still im Whirlpool. Die Jungs starrten mich mit großen Augen an. Sogar das Blubbern im Becken hörte auf.

„Du hast ihn getroffen?“, staunte Mehmed.

„Ja, bei einer Feier.“

„Du gehst auf Partys mit dem Tiger?!“

„Es war ein Zufall.“

„Siehst du ihn noch mal?“

„Vielleicht.“

„Kannst du sein Autogramm besorgen?“, wollte Florian wissen. „Das wäre bombastisch! Nimm das Trikot einfach mit. Wir vertrauen dir. Du bist einer von uns.“

Die Jungs sahen mich erwartungsvoll an. Ich konnte nicht Nein sagen. Es ging nicht anders.

„Ja klar“, sagte ich geknickt, „wenn ich ihn das nächste Mal sehe, frage ich.“

Ist überhaupt kein Problem. *El Tigre* und ich, wir sind so dicke.

Die Jungs jubelten, als ob ich gerade das Tor des Jahres geschossen hätte. Währenddessen dachte ich an Warren. Er musste mir dabei helfen. Sonst würden mich meine neuen Teamkameraden in kleine Löwenportionen zerstückeln.

Das Jubeln endete schlagartig, als Alex entsetzt aufsprang und schrie: „Wer hat hier ins Becken gepinkelt!!“

## *Keeping clean*

Every day after football practise, Dennis and I met up at Bela's. Bela's was not an **ice-cream parlour** or a snack bar. It wasn't a trendy **youth centre** or a fit-

ice-cream parlour – Eisdiele; youth centre – Jugendzentrum

ness studio. Bela's was a **launderette**. 'Belas Waschsalon – Qualität direkt vor *Ihrer* Haustür!' It was just down the road from the Säbener Straße and the *Löwen* training **grounds** in the Grünwalder Straße. From there we took the **tram** back to Schwabing.

Bela was a tiny old man with black hair and **skin** as white as snow. He looked like he'd just come out of a vampire movie. Dennis and I washed our new **football kits** there. There was no way we could wash them at home. If our dads saw them, they would **hit the roof**.

It was also a good time to **exchange** fan material. I needed stuff to **prove** to my new teammates that I was a *Löwen* fan, and Dennis needed things from me to become a Red. Dennis gave me lots of things from his bedroom. He had so much *Löwen* fan material he could have opened his own shop.

I organised all sorts of things through my dad: sport bags, baseball caps, T-shirts, **underpants**, watches. Dennis even asked me to help him get me *El Tigre's* **autograph**. I asked my

launderette – Waschsalon; grounds – Gelände; tram – Straßenbahn;
skin – Haut; football kit – Fußballtrikot;
to hit the roof – an die Decke gehen; to exchange – austauschen;
to prove – beweisen; underpants – Unterhose; autograph – Autogramm

dad, but he just said, "Forget it. *El Tigre* doesn't give autographs". This was a big problem for Dennis, but I had a plan. The **annual** FC Bayern Munich Gala was coming soon. I just had to ask Dad if I could bring Dennis with me. The Gala would be the perfect opportunity to get *El Tigre's* autograph. I knew Dad wouldn't like the idea of Dennis coming to the gala, but I was sure that I could **persuade** him to agree.

It was around this time that Dennis and I had our first **argument**. Every time we met, Dennis and I would tell each other about the things we did in training. It was interesting to hear how Dennis' coach Bruno worked, and Dennis liked hearing my stories from the Grünwalder Straße. Dennis really **admired** Bruno. He thought he was the best coach in the world.

"We did this really incredible **drill** today," said Dennis one day. "It was like this: there are **cones** here, here and here," he explained, **drawing** the drill on top of the washing machine with his fingertip. "The attacking player is here, the **defender** here. You have to dribble through the cones here, pass the ball through

annual – jährlich; to persuade – überreden; argument – Streit;
to admire – bewundern; drill – Fußballübung; cone – Hütchen;
to draw – zeichnen; defender – Abwehrspieler

the cones there, tunnel the defender, and shoot. Cool, huh?"

I nodded. "We did the same drill last week. But with two defenders."

Dennis looked at me **in bewilderment**. Then he shook his head. "Das kann nicht sein. Bruno said he **invented** the drill!"

I shrugged my shoulders. "Well, he didn't. The *Junglöwen* have been doing it for years. Wolfgang told me."

Wolfgang was my coach and he'd been with the *Junglöwen* **ever since** playing professionally for the club.

Dennis was really shocked. "Are you calling Bruno a **liar**?"

"Of course not. Maybe he just saw our coaches doing the drill years ago and forgot about it. These things happen."

"Maybe Wolfgang was lying!" said Dennis angrily. "Did you think about that?! Maybe he **stole** the drill from Bruno!!"

"Why should Wolfgang steal a drill from Bruno?"

"Because Bruno's ..."

in bewilderment – fassungslos; to invent – erfinden;
ever since – seit, seitdem; liar – Lügner; to steal – klauen

"… the best coach in the world," I finished Dennis' sentence for him. "Yeah, I forgot …"

I left it at that. There was no point arguing with Dennis. When Dennis **set his mind on something**, there was nothing you could do to stop him. If he said Bruno was the best coach in the world, then he was. **Full stop**. With Dennis everything was either black or white. There was nothing **in-between**. FC Bayern used to be the Monsters of Munich. Now they were the Football Gods. Who said you can't make red out of blue?

## Den Kopf verdreht

Während der Probezeit führten Warren und ich eine Art Doppelleben. Insgesamt trainierten wir viermal in der Woche: zweimal mit Harry und zweimal bei unseren neuen Vereinen. Es war hart, aber es machte Spaß. Am Samstag

to set one's mind on something – sich etwas in den Kopf setzen; full stop – Punkt; in-between – dazwischen

hatten wir auch ein Spiel im Doppelpack: eins vormittags bei den Profivereinen, dann noch mal eins nachmittags in Schwabing. Es war ein ziemlich straffes Programm.

Ich schmiss mich voll ins Zeug. Was beim FCB als oscarreife Vortäuschung anfing, verwandelte sich im Laufe der Probezeit in eine ernst zu nehmende Leidenschaft für meinen neuen Verein. Im Internet las ich die Biografien aller Spieler. Ich ging mit den anderen Jungs zum Profitraining, informierte mich über die Vereinsgeschichte, schaute Warrens DVDs heimlich nachts im Bett an. Mittlerweile interessierten mich die Ergebnisse vom FC Bayern mehr als die von den Sechzgern. Es war irre. Vor ein paar Wochen hätte ich meine eigene Oma auf dem Flohmarkt verkauft, um bei den *Junglöwen* zu spielen. Jetzt war ich ein fester Bestandteil des FC Bayern. Ich gehörte zu der Mannschaft wie das Bier zum Oktoberfest.

Harry machte das Spiel mit, obwohl er nicht wusste, wie weit mein neues Zugehörigkeitsgefühl ging. Warren und ich hingen nach wie vor viel im Vereinsheim herum. Wir mussten auf normal machen. Niemand ahnte, dass wir schon längst die Seiten gewechselt hatten.

Eines Tages brach mitten in der Probezeit am

Kickertisch ein Streit aus. Warren und ich saßen an unseren Lieblingsplätzen vor der Theke und besprachen die neuesten Übungen, die wir angeblich „mit Harry“ beim Zusatztraining gemacht hatten. Plötzlich ertönte ein lauter Schrei.

„Du hast geschwengelt!“, meckerte Jannik. „Das ist gegen die Regeln!“

Gegenüber von Jannik stand ein unauffälliges Mädchen in T-Shirt und Jeans am Kickertisch. Sie war ungefähr so alt wie wir, obwohl sie ziemlich klein und zierlich war. Ihren Pferdeschwanz hatte sie durch das Loch ihrer Baseballkappe gezogen. Ich hatte sie noch nie im Vereinsheim gesehen.

„Das stimmt nicht“, meinte das Mädchen ungerührt. „Ich bin nur äußerst gelenkig.“

Ein kleiner Junge in schlammigen Fußballklamotten saß neben ihr. „Ich will nach Hause, Johanna!“, meldete er sich zu Wort.

„Ist schon gut, Kevin. Es regnet noch.“ Dann wandte sich seine Schwester wieder Jannik zu. „Willst du ein letztes Spiel oder nicht?“

„Diesmal gewinne ich!“, sagte Jannik entschlossen und nahm den Ball in die Hand.

Jannik hatte sich leider zweimal vertan: Weder pfuschte Johanna, noch hatte er die leiseste Chance zu gewinnen. Das Mädchen war einfach gut: mit den biegsamsten Handgelenken der Welt und dem Spielinstinkt eines großen Torjägers. In ihr fand Jannik seine Meisterin. Warren und ich staunten.

Bei 5 : 0 ging am Ende des Raumes eine Tür auf. Ein Mädchen kam aus der Toilette. „Mensch, Johanna! Machst du schon wieder ein Spiel?“, hallte es lautstark durch das Vereinsheim. Warren und ich drehten uns gleichzeitig um, um das Mädchen anzuschauen. Es war ein Wunder, dass ich nicht wie eine Rakete durch die Decke schoss.

Sie war eine echte Granate. Sie ging durch den Raum, als ob sie auf einem Laufsteg in Mailand lief. Ich sah nur endlose Haut vor mir, braun und seidig. Ihr Dekolleté war tiefer als ein bayerisches Tal, ihr Bauch flach wie ein Fußballfeld, ihre Haut die reinste Milchschokolade. Ihre langen, wohlgeformten Beine schienen kein Ende zu nehmen. Ich dachte, ich sei im siebten Himmel angekommen.

Warren grinste. „Just your type, right?“

Ich nickte, sprechen ging nicht. Das Mädchen sah älter aus als wir – vielleicht sechzehn –, aber kein Türsteher der Welt hätte sie um Mitternacht aus der Disco geschmissen.

Just your type, right?

„Wie lange brauchst du noch?“, zischte sie genervt, als sie zum Kickertisch kam. „Der Regen hat aufgehört.“

„Das dauert hier nicht mehr lange, Kimberly“, beruhigte Johanna sie, ohne vom Tisch hochzuschauen. „Ich bin gleich fertig.“

Daran bestand kein Zweifel. Die Tore gegen Jannik fielen im Sekundentakt.

Das Mädchen namens Kimberly setzte sich neben das Bambini-Brüderchen und kreuzte genervt die Beine. Mir wurde schwindelig. Ich hielt mich an der Theke fest.

Das Spiel endete mit einer weiteren Beschwerde von Jannik. „Du hast den Tisch gehoben!“, warf er Johanna vor.

Johanna zeigte auf die L-förmigen Platten, mit denen der Tisch am Boden befestigt war, und meinte cool: „Ich glaube nicht.“

„Können wir jetzt endlich gehen?“, beklagte Kimberly sich erneut und stand auf.

Mein innerer Trainer tippte mir auf den Rücken. Es war Zeit, die Ersatzbank zu verlassen. Runter mit der Jeansjacke. Die Beine kurz ausschütteln. Den Reißverschluss auf der Seitenlinie checken. Dann ab ins Spiel. Gib alles, Dennis!

Bevor Kimberly gehen konnte, stand ich schon am Kickertisch und legte einen Euro auf die Kante. „Die Gewinnerin muss bleiben“, sagte ich zu Johanna – und schaute dabei mit meinem strahlendsten Zahnpastalächeln ihre Freundin an.

Kimberly grunzte ihr Missfallen, Johanna hatte die Münze aber schon eingeworfen. Warren stand sofort neben mir.

„Are you sure this is a good idea?“, flüsterte er mir zu.

„Yeah, of course!“, sagte ich hochmütig und strahlte Kimberly träumerisch an. Ich sah uns schon zusammen bei der FC-Bayern-Gala. Sie wäre die perfekte Spielerfrau.

Warren hatte natürlich recht. Es war eine bescheuerte Idee. Wie ein Gartenzwerg stand ich da am Kickertisch, während mich das Mädchen gegenüber völlig abzockte. Ich verlor 10 : 1. Erbärmlich. Am Ende wäre ich am liebsten unter den Tisch gekrochen.

„Aber jetzt ist Schluss!“, beschloss Kimberly, als das Spiel vorbei war. Sie sah alles andere als beeindruckt aus.

Sie hatte recht. Ein Rückspiel wäre für Johanna völlig überflüssig gewesen. Sie hatte mit links gewonnen.

„Nächstes Mal hast du vielleicht mehr Glück“, sagte Johanna tröstend und gab mir die Hand.

„Oder weniger Pech“, erwiderte ich geschlagen und widerstand meinem inneren Bedürfnis, mich vor Kimberly auf die Knie zu werfen, um sie um ihre Hand zu bitten, bevor sie nach Hause ging.

Wahrscheinlich, weil ich genau das nicht tat,

machte sich Kimberly auf den Weg. Johanna folgte ihr zur Tür. Warren und ich schauten den beiden Mädchen hinterher.

Als die Tür hinter ihnen zufiel, sagte Warren ernst: „Forget it, Dennis! We've got more important things to do right now than **run after** girls ..."

In diesem Augenblick war ich mir da nicht so sicher. Schließlich gehören auch schöne Frauen zum Leben eines Fußballstars. Oder nicht?

*Kicker Queen*

The next day I was training with 1860 when I saw Johanna and Kimberly standing at the side of the pitch. They were watching the practise. Kimberly was **taking notes** in a book. Every now and then she took a camera out of her handbag and took a photograph.

When training was over I went up to them.

to run after someone – jemandem hinterherlaufen;
to take notes – sich Notizen machen

"Hi there!" I said to them both. "Do you **remember** me?"

Kimberly looked at me and I could see she had no idea who I was. But Johanna did. Her face lit up.

"Natürlich!" she said with a nice smile. "You're the boy whose friend can't play Kicker!"

That's the one.

"So what are you doing here?" I asked them.

Johanna pointed at Kimberly. "I'm helping Kimberly with her project," she **explained**. "She's doing a – how do you say – a Praktikum?"

"**Work placement**," I told her and took a look at Kimberly. The only place I could imagine her doing work placement was at a **modelling agency**. "Where are you doing it?" I asked her.

Again Johanna spoke for her friend. "Do you know *Der Kick?*" she said. "It's a German football magazine. Nothing but football. Bundesliga and stuff. That's why we are here. Kimberly is writing her first **article** about youth teams."

to remember – sich erinnern; to explain – erklären;
work placement – Praktikum; modelling agency – Model-Agentur;
article – Artikel

"Wow! That's great!" I said, but Kimberly didn't look at all **enthusiastic**. "Do you want to be a journalist?" I asked her.

"No," she said. "My father wants me to be a journalist. I want to be an **actress**."

That fits. "I see. So why did you go to this *Kick* magazine then?"

"My dad knows someone at the Redaktion," she explained.

I see. Connections! Just like my Dad and Bruno.

Johanna continued: "Their office is here in Munich. Kimberly comes from Nürnberg – or Nuremberg as you call it. She's staying with me. We're cousins."

Cousins? I was surprised. They were about **as similar as chalk and cheese**.

"So what did you think of the training?" I asked Kimberly.

She just laughed. "Training is boring. Like all football. The only thing that is good about football is the WM" – I think she meant, the World Cup – "because it's a big party. Ansonsten ist Fußball stinklangweilig."

enthusiastic – begeistert;
actress – Schauspielerin;
as similar as chalk and cheese – so ähnlich wie Tag und Nacht

OK. Fine. Whatever you say. Great **attitude** if you want to work for a football magazine.

I looked at Johanna and she tried to smile. “You know us girls. We … we don’t understand anything about football …” she said, but I could see she didn’t mean it.

Before I could ask Johanna if that was true, Kimberly looked at her watch and said, “We have to go now.”

“But we haven’t seen everything yet,” said Johanna. “Es gibt noch zwei Mannschaften, die gleich trainieren.”

Kimberly put her notebook into her handbag. “Komm. Lass uns lieber ins Café gehen,” she said. Then she **turned around** and, without saying goodbye to me, she started walking towards the exit.

Johanna looked at me **apologetically**. “I guess I’d better go,” she said and tried to smile again.

I smiled too. “Are you sure you don’t understand anything about football?” I asked Johanna quickly before she left. “I mean, I saw you playing **table football**. You’re good.”

attitude – Einstellung; to turn around – sich umdrehen; apologetically – entschuldigend; table football – Kicker

Johanna **blushed** slightly. “You call it ‘table football’ in English? That doesn’t sound good. Kicker is better,” she said, still red in the face.

“Maybe we could have a game sometime?” I suggested. “Of *Kicker*, I mean, not real football.”

Johanna smiled. **Properly** this time. “Yes, I would like that. I always take my brother to training at FSV on Tuesdays and Thursdays. If you want to see me, I’ll be there then. OK? Bye for now!”

Then Johanna left, almost as quickly as Kimberly. I watched her walk to the exit. She may not have been as **good-looking** as her cousin, but she was a hundred times nicer. I decided **there and then** that, as soon as the **trial period** was over, I would meet up with her for a game of table football – or Kicker, as she called it – even if she did **beat** me.

to blush – rot werden; properly – richtig;
good-looking – gut aussehend; there and then – auf der Stelle;
trial period – Probezeit; to beat – schlagen

## Glanzparade

„I've got a surprise for you", kündigte Warren an.

Wir waren wieder bei Bela, unserem zweiten Zuhause, dem einzigen Ort in ganz München, wo wir nicht auf der Hut sein mussten. Wir saßen vor dem großen Trockner und schauten zu, wie unsere roten und blauen Fußballklamotten im Kreis herumwirbelten.

Warren beugte sich zu seiner Sporttasche runter und zog einen roten Umschlag heraus. „*El Tigre* will be there too", sagte er, als er mir den Umschlag überreichte. „You can ask him for his autograph."

Ich öffnete den Umschlag und staunte nicht schlecht: eine persönliche Einladung zur jährlichen Gala des FC Bayern München!

„That's great, Warren! Thanks a lot!"

„You can thank my dad."

Dann sah ich das Kleingedruckte unter meinem Namen: „Gesellschaftskleidung erforderlich!"

„Gesellschaftskleidung? What does that mean?", fragte ich laut.

„Gesellschaftskleidung?“, meldete sich unser Hausexperte zu Wort. Bela kam gerade aus dem Hinterzimmer und hatte unser Gespräch angehört. „Das, was ich anhabe“, erklärte er mir mit einer theatralischen Handbewegung von seinem eigenen Kopf bis zu seinem Fuß. „*Das* ist Gesellschaftskleidung …“

Bela war wie immer makellos angezogen. Sein schwarzer Anzug war maßgeschneidert. An seinen Hemdsärmeln trug er goldene Manschettenknöpfe. Sein Schlips war mit einer perlmuttartigen Krawattennadel befestigt. Seine Schuhe glänzten wie eine frisch geprägte Münze. Er sah eigentlich eher aus wie der Leiter eines Bestattungsinstituts als wie ein Waschsalonbesitzer.

„Aber ich habe keinen Anzug!“, stöhnte ich. Ich wusste, dass die Sache einen Haken hatte.

„Keine Sorge“, murmelte Bela leise und verschwand wieder im Hinterzimmer. „Ich habe genau das Richtige für dich.“

Kurz darauf kam er mit einem in Plastikfolie gehüllten Anzug in der Hand wieder. „Er hat ungefähr deine Größe“, behauptete er und reichte ihn mir.

Ich starrte den schwarzen Anzug an. Es handelte sich um einen superschicken Smoking in-

Ein bisschen zu weit in der Taille.

klusive weißem Hemd und Fliege. „Aber er gehört mir nicht."

„Der Kunde hat ihn vergessen. Zusammen mit einem anderen Anzug. Sie liegen bei mir seit vier Wochen. Ich bin doch keine Lagerhalle. Von mir aus kannst du ihn ausleihen.

Schließlich kann ich ihn danach wieder in die Reinigung geben. Ich meine, ich *bin* doch die Reinigung! Probier ihn mal an."

Wir waren allein im Laden, also zog ich mich bis auf die Boxershorts aus und probierte den eleganten Smoking an. Ich betrachtete mich im Spiegel. Ich sah aus wie ein Pinguin.

„Ein bisschen zu weit in der Taille", bemerkte Bela kritisch. „Aber das können wir rasch ändern. Wann ist die Feier?"

„Saturday", antwortete Warren.

„Und hast *du* schon einen Anzug?", fragte Bela bei Warren nach.

Warren nickte. „Mein Vater hat mir einen besorgt."

„Dann ist ja alles wunderbar!", schwärmte Bela erfreut. „Ihr werdet spitzenmäßig aussehen!"

Bevor ich mich aus meinem arktischen Kostüm schälen konnte, klingelte es an der Ladentür. Mit schwerem Schritt betrat jemand den Salon.

„Servus!", rief der Besucher und ich erkannte seine Stimme sofort: Es war mein Vater!

Warren und ich duckten uns reflexartig hinter die zentrale Waschmaschinenreihe, aber es war zu spät.

„Dennis?! Was machst du denn hier?!“ Mein Vater hatte uns gesehen.

Wie zwei ertappte Diebe standen Warren und ich wieder auf. Ich wusste nicht, wie ich das alles erklären sollte. Ich konnte nur hoffen, dass mein Vater das rote Trikot im Trockner nicht sehen würde. Sicherheitshalber stellte ich mich direkt vor die Glasscheibe.

Mit großen Augen schaute mich mein Vater von Kopf bis Fuß an. „Wie siehst du denn aus?“, fragte er erstaunt.

Ich blickte schuldbewusst auf meine perfekt gebügelte Hose. „Das ist ein Smoking. Bela hat ihn mir ausgeliehen.“

„Was hast du vor? Gehst du zur Oscarverleihung, oder was?“

„Nein …“ Aber so gut wie. Ich musste mir schnell etwas einfallen lassen: „Er ist … für Omas Geburtstagsfeier.“

„Omas Geburtstagfeier? Meinst du nicht, das ist ein bisschen übertrieben?“

Ich zuckte mit den Schultern. „Man wird nur einmal achtzig“, sagte ich kleinlaut.

Mein Vater nickte misstrauisch und musterte meine neue Tracht mit einem kritischen Auge. Zum Glück kam eine Ablenkung von draußen. Ein großer 3er BMW brauste vor die Tür und blieb hinter dem alten Ford Transit meines Vaters stehen. Neben mir hielt Warren die Hände vor die Augen und stöhnte: „Oh no! This can't be true!" Aus dem Auto stieg kein anderer als Mr Anthony Pott.

Die Türklingel rüttelte meinen Vater aus seinen skeptischen Gedanken. „Grüß Gott!", kündigte sich Anthony Pott gut gelaunt an, als er den Laden betrat. Dann sah er meinen Vater und sein Lächeln gefror. „Not you again!", zischte er böse.

In null Komma nichts war mein Vater kampfbereit wie ein wilder Stier. Er baute sich vor Mr Pott auf und sagte frech: „Was machen Sie hier, Herr Pott? Klappt es doch nicht mit der Waschmaschine, oder wie?"

„I'm here to **pick up** my **dinner jacket**!", erwiderte Warrens Vater schroff.

Bela zuckte zusammen und schaute mich gequält an. Anthony Pott folgte Belas Blick und sah dann seinen Sohn neben mir. „Warren? What are you doing here?", fragte er überrascht.

„I was just ... helping Dennis with the washing", stammelte Warren.

Mein Vater durchbohrte mich mit einem fra-

to pick up – abholen; dinner jacket – Smoking

genden Blick. „Ich dachte, *du* begleitest *ihn?*“, meinte er zu mir.

„Na ja. Wir treffen uns manchmal, um gemeinsam … Wäsche zu waschen … “, sagte ich zur Erklärung. „Weißt du, das macht Spaß …“

Mein Vater runzelte die Stirn und schaute hilflos zu Warrens Vater. Auch ihm schien unser neues Hobby ein Rätsel zu sein. Er zuckte verständnislos mit den Schultern.

Bela huschte schnell ins Hinterzimmer. „I go and bring your dinner jacket, Mr Anthony!“

Warrens Vater rief ihm hinterher: „The name is Pott, not Anthony”, korrigierte er ihn. „Mr Anthony Pott.“

Wir warteten zu viert im vorderen Raum. Keiner wusste, was er sagen sollte. Schließlich schaute mich Warrens Vater an und meinte: „Nice **suit**, Dennis. Are you going to wear it at the …“

Bevor er seine Frage mit den Worten »FC-Bayern-München-Gala« beenden konnte, platzte Warren dazwischen: „It’s for his grandma’s birthday!“ Er starrte seinen Vater nachdrücklich an.

„I see.“ Anthony Pott verstand.

suit – Anzug

„Wenn schon, denn schon“, meinte mein Vater stolz. „Schließlich wird man nur einmal achtzig.“

Bela kehrte aus dem Hinterzimmer zurück. Er hielt einen eingepackten Smoking in der Hand. „Your dinner jacket, Mr … äh … Pott!“

Anthony Pott nahm seinen Smoking an sich und schaute ihn an. „But there’s only one“, stellte er fest. “Where is my son’s dinner jacket?“

Bela zog eine Grimasse und schaute mich verstohlen aus den Augenwinkeln an. Warren und ich kapierten: Ich trug Warrens Anzug! Warren konnte sich ein Grinsen nicht verkneifen. Ich merkte, wie meine Wangen anfingen wie Heizkohle zu brennen.

„I’m sorry, Mr Pott“, entschuldigte sich Bela. „But your son’s suit is … äh … late.“

„When will it be ready?“

„Tomorrow.“

„I can pick it up, Dad!“, bot Warren schnell an.

Warrens Vater nickte. „Fine. But don’t forget.“

Anthony Pott zog gerade zwei Scheine aus seinem Portemonnaie, um die Rechnung zu begleichen, als die stadionfüllende Stimme meines Vaters plötzlich durch den Laden schallte.

„Was ist *das?!*“, schnappte er nach Luft und deutete hinter Warren und mich.

Alle drehten sich um und folgten seinem ausgestreckten Finger. Er zeigte entsetzt auf den Trockner. Hinter der Glasscheibe klebte ein rotes FC-Bayern-Trikot. Unter der Nummer 19 stand der Name KONRAD.

„Das war ein Geschenk von Warren!“, log ich schnell, aber bevor mein Vater diese rätselhafte Information verarbeiten konnte, fiel Anthony Pott ebenfalls etwas Schreckliches auf.

„What is *that?!*“, stammelte er verblüfft und zeigte ebenso auf den Trockner.

Mein FCB-Trikot hatte sich im luftigen Hohlraum zurückgezogen und jetzt tauchte ein hellblaues Trikot auf. Unter der Nummer 17 standen vier Buchstaben: POTT.

Warren zögerte nicht: „That was a **present** from Dennis!“

Mein Vater warf die Hände in die Luft. „Hört mal, habt ihr nichts Besseres zu tun, als euch gegenseitig Trikots zu schenken und diese zu waschen?!“ Dann zeigte er auf mich. „Ich hoffe, du hast es nicht angezogen?“

„Niemals!“

present – Geschenk

„Warren, I want to have a word with you at home“, sagte Herr Pott streng. Warren nickte und folgte seinem Vater zur Tür.

Mein Vater schaute ihnen verunsichert hinterher. „Was machen wir mit Warrens Trikot?“, rief er ihnen nach.

Anthony Pott blieb vor der Tür stehen. „You can throw it in the **bin**!“, meinte er knatschig. „Warren will never wear a 1860 shirt!“

Dann stampfte er beleidigt aus dem Salon. Wenn er nur die Wahrheit wüsste!

## *Party time*

Bela **made up for** his mistake with Dad's name by organising another suit for Dennis. The two of us went to the FC Bayern gala together with my dad. We had a lot of fun there. We spent most of the evening looking for *El Tigre,* but we couldn't find him anywhere.

About halfway through the evening, we were

bin – Mülleimer; to make up for something – etwas ausgleichen

standing near the buffet with my dad, when a man came up to us and **introduced himself**: "Good evening, Mr Pott! My name's Udo Jaspers. I'm from a magazine called *Der Kick* ..."

Standing next to Udo Jaspers was none other than Kimberly, Johanna's pretty cousin. Dennis' eyes almost **popped out of his head**. She looked **stunning** in her evening dress.

"Hi, Warren! What a surprise!" she said to me with a big smile. Dennis looked at me with a very big **question mark** in his eyes. I knew Kimberly? How come?

"Hi, Kimberly," I replied, but I had already decided I didn't like her at all.

While Kimberly's **boss** started talking to my dad about Bayern Munich's position in the Bundesliga, Dennis **turned to** Kimberly. "Hi, Kimberly!" he said in an over-friendly voice.

Kimberly looked at Dennis **blankly**. She had no idea who he was. "This is my friend, Dennis," I said, quickly introducing him. "You remember: the Kicker King."

to introduce oneself – sich vorstellen;
somebody's eyes nearly pop out of his/her head – jemandem fallen beinahe die Augen aus dem Kopf; stunning – umwerfend;
question mark – Fragezeichen; boss – Chef;
to turn to – sich wenden an; blankly – ausdruckslos

Kimberly shook Dennis' hand but completely ignored him. "Your dad works for Bayern München?" she asked me, suddenly very interested in me.

"That's right," I told her.

My dad went over to the buffet with Kimberly's boss. They'd moved on to talking about Bayern Munich's chances in the Champions League. Kimberly looked at me **in amazement**.

"And you train with 1860?" she said, surprised.

I nodded again. "Yes."

"But … but … How does your father feel about you training for – how do you say – den Feind?"

I thought about lying to Kimberly for a second and saying that my dad knew all about it, but then I thought: no. Kimberly will talk to her boss about me; her boss will tell my dad; then I'll have a problem. **There was no point** lying to her. I had to get her on my side.

"Look, Kimberly," I decided to tell her the **truth**. "My dad doesn't know that I train at 1860, and that's the way I want it to stay."

in amazement – erstaunt;
there's no point – es bringt nichts; truth – Wahrheit

Kimberly didn't understand at first. She looked at me **confused**. "What do you mean, he doesn't know?"

I looked over my shoulder to check my dad wasn't going to hear me. He was still talking to Udo Jaspers at the bar.

"It's a secret. My dad would never let me train at 1860 if he knew about it. But it's only for six weeks. It's called a Probezeit. If they take me in the end, I'll ask him."

Kimberly nodded slowly. "Verstehe!" Then she looked at Dennis. "Do you know about this?" she asked him.

Dennis nodded. "Du darfst es niemandem erzählen," he said to her. "Sonst ist alles im Eimer."

She looked at me with a really strange smile and nodded slowly again. "No problem. I can **keep a secret**." Then she turned back to Dennis. "Was ist mir dir? Spielst du auch beim 1860?"

Dennis looked at the floor and **turned red**. "Ich spiele nur beim FSV Schwabing," he said.

Just then my dad came back from the buffet,

confused – verwirrt;
to keep a secret – ein Geheimnis bewahren; to turn red – rot werden

No problem. I can keep a secret.

ending the conversation with Kimberly. "Hey, Dennis, look over there!" he said, **pointing** across the room. "*El Tigre*'s here! Let's go and talk to him."

"Ich muss gehen," said Dennis to Kimberly. As he followed my dad across the room, he took the **signed** FC Bayern shirt out of his bag.

Kimberly watched them go across the room

to point – zeigen; signed – signiert

and smiled to herself. Then she took a camera out of her back and asked me: "When Dennis comes back, can I take a photograph of you two? Ich finde das total spannend!"

## Heimspiel

Freude ist kein Ausdruck. Meine neuen Teamkameraden vom FC Bayern waren mehr als Feuer und Flamme. Sie waren hin und weg.

„Du bist ein Held!“, jubelte Pamic, als ich ihnen stolz das signierte Trikot zeigte.

„Ein Tigerjäger!“, meinte Knut grinsend.

„Das könnte dein Spitzname sein“, schlug Mehmed vor. „Dennis, der Tigerjäger!“

„Nein“, widersprach Mosegi entschlossen. „Dennis ist kein Tigerjäger.“ Er zeigte auf meinen Kopf. „Schau mal seine Haare an. Er hat die Mähne eines Löwen.“

„Du hast recht“, stellte Mehmed fest und warf einen zweiten Vorschlag in die Runde. „Dann nennen wir ihn einfach: *Der schwarze Löwe!*“

Mir rutschte das Herz in die Hose. Ich dachte, ich hätte meine fußballerische Herkunft mit dem mühevoll erworbenen Autogramm von *El Tigre* endgültig verwischt, da waren mir meine Mitspieler schon wieder auf der Spur. Wenn auch ungewollt. Wenn sie nur wüssten, wie nah sie dran waren!

Sie wollten mich nach dem Training zum Grillen einladen, um die Vervollständigung des signierten Bayern-Trikots zu feiern, aber ich konnte nicht. Es war Omas Geburtstag und mein Vater hatte einen Raum in der Grünwalder Straße gemietet. Ich musste das Training frühzeitig verlassen und lief über die Vintschgauer- und die Südtirolerstraße bis zum *Löwen*-Trainingsgelände. Unterwegs zog ich mich hinter einer Hecke um. Die roten Fußballklamotten mussten runter. Stattdessen war Warrens Smoking angesagt. Versprochen ist versprochen.

Ich schlich durch den Eingang des TSV-1860-Trainingsgeländes und hoffte, nicht gesehen zu werden. Auf den zahlreichen Spielfeldern trainierten verschiedene *Junglöwen*-Mannschaften, aber ich guckte nicht hin. So schnell wie möglich verschwand ich im Veranstaltungsraum.

Bei Omas Feier gab es fast so viele Gäste wie bei der FC-Bayern-Gala, aber auf einem Bruchteil des Platzes. Und das Essen konnte auch nicht ganz mithalten. Ich fühlte mich ziemlich *overdressed,* wie Warren es ausdrücken würde, doch mein Vater zeigte mich herum wie ein stolzer Zirkusdirektor.

Ich schenkte meiner Oma eine Eintrittskarte. Sie war klein, braun und ziemlich alt. Die Eintrittskarte, meine ich, nicht meine Oma. Die Karte war für ein *Löwen*-Spiel aus dem Jahr ihrer Geburt: 1928. Harry hatte mir geholfen, sie ausfindig zu machen.

Meine Oma hatte Tränen in den Augen, als sie die eingerahmte Karte in ihrer Hand hielt. Meine Eltern auch. „Soooo ein schönes Geschenk, mein Junge!“, freute sie sich. Ich musste an meine Teamkameraden in der Säbener Straße und an das signierte Trikot denken. An einem einzigen Tag hatte ich so viele Menschen glücklich gemacht – und trotzdem fühlte ich mich wie ein mieses Schwein. In meiner Sporttasche steckte noch mein verschwitztes FC-Bayern-Trikot. So konnte es nicht mehr weitergehen.

Aus dem Fenster des Veranstaltungsraumes schaute ich den *Junglöwen* auf dem Trainingsgelände zu. Warrens Mannschaft war auch dabei. Sie machten gerade ein kleines Spiel. Drei gegen drei. Es war das erste Mal, dass ich meinen englischen Freund in seinem hellblauen Sechzger-Trikot beim Spielen sah. Es fühlte sich komisch an. Ich spürte so was wie Reue. Das hier war *mein* Verein. Wie konnte ich ihm nur in den Rücken fallen?

Eine Hand landete auf meiner Schulter. Sie gehörte Harry. Er blickte mit mir aus dem Fenster und sagte leise: „Ich weiß, was du denkst, aber glaub mir, du hast die richtige Entscheidung getroffen."

„Vielleicht hätte ich doch auf die *Löwen* warten sollen?", murmelte ich, als hinter uns meine Oma und ihre Verwandtschaft anfingen, eine Polonäse zum Vereinslied zu tanzen.

„Ich muss dir was erzählen", sagte Harry und setzte sich an der Fensterbank hin. „Vor über zwanzig Jahren habe ich einen Jungen gekannt, der genau in deiner Situation war. Er war ein großer Sechzger-Fan, genauso wie du. Er hat von nichts anderem geträumt, als eines Tages für die *Löwen* zu spielen. So wie du. Er war gut – sehr gut sogar –, aber die *Löwen* wollten ihn nicht. Irgendwie hat er nicht in ihren Juniorenkader gepasst. Keine Ahnung warum. Und dann hat er – so wie du jetzt – ein Angebot von den Bayern bekommen. Sie wollten ihn haben."

Ich hörte aufmerksam zu. Es war tatsächlich genau die gleiche Geschichte wie meine. „Und was hat er gemacht?", verlangte ich zu wissen.

„Er lehnte das Angebot ab", setzte Harry seine Geschichte traurig fort. „Er wollte abwarten, bis die *Löwen* ihn nahmen, aber die *Löwen* nahmen ihn nicht. Schließlich blieb er beim FSV bis zum Ende seiner Jugendzeit. Danach war Feierabend. Er bereut seine Entscheidung noch heute, das weiß ich ganz genau, obwohl er es nie zugeben würde."

„Du warst sein Trainer?"

Harry nickte schwermütig. „Ja. Er war ein guter Junge. Hatte Talent."

„Wie hieß er?"

Statt einer Antwort klopfte mir Harry auf die Schulter und sprang von der Fensterbank runter. „Komm, lass uns tanzen. Einmal Löwe, immer Löwe, auch wenn du bei den Bayern spielst!"

Meine Oma hakte sich bei Harry unter und zog ihn in die Polonäse rein, ich aber blieb auf der Fensterbank sitzen. Harrys Geschichte gab mir Mut. Vielleicht hatte ich doch die richtige Entscheidung getroffen?

Während die Feiernden sich weiter durch den Raum schlängelten, schaute ich noch mal aus dem Fenster. Warren schoss gerade ein Tor. Seine Mitspieler jubelten. Er streckte die Faust in die Luft. Ich hätte alles dafür gegeben, jetzt nach draußen gehen und mit ihm spielen zu dürfen. Aber dann trat etwas Unerwartetes zwischen uns und versperrte mir die Sicht.

Zuerst sah ich nur ihren Rücken. Ihr kurzes braunes Haar schimmerte wie in einer Shampoowerbung. Ihre Figur war atemberaubend! Ich sah den Fotoapparat in ihrer Hand. Ihre Fingernägel waren rot lackiert. Sie machte ein Bild von Warren auf dem Spielfeld, dann drehte sie sich plötzlich zu mir um und sah mich am Fenster. Sie lächelte breit. Ihre roten Lippen glänzten im sommerlichen Abendlicht. Ihre Zähne waren so weiß, dass sie mich blendeten. Es war Kimberly.

„Trägst du den immer?“, fragte sie durch die Glasscheibe und zeigte auf meinen Smoking.

Ich musste lachen – und winkte sie rein.

Kurz darauf stand die schöne Kimberly mitten in der Feier meiner Oma. Ihr hellblaues Sommerkleid passte wunderbar zur Partydeko. Sogar die Pappteller am Buffet waren vereinsgetreu gestaltet. Kimberly schaute beeindruckt auf die Polonäse. Meine Oma sang am lautesten: „Alle ziehen an einem Strang!“

„Meine Oma wird achtzig“, erklärte ich Kimberly mit einem Kopfnicken in Richtung meiner Großmutter, die nicht gerade besonders alt wirkte. „Willst du etwas trinken?“

„Ein Wasser bitte“, sagte der neue und mit Abstand schönste Gast im Raum.

Ich ging zum Buffet und merkte, wie mein Vater mich bewundernd anschaute. Er schlüpfte aus der Polonäse-Schlange und kam verschwörerisch auf mich zu.

„Ist das deine Freundin?“, fragte er mich mit einem Auge auf Kimberly.

Ich machte eine Kopfbewegung, die so etwas wie „nicht ganz“ bedeuten sollte, aber mein Vater nickte eifrig. „Da hast du aber eine Hübsche erwischt! Ist sie auch ein Sechzger-Fan?“

Ich beantwortete die Frage nicht und ließ meinen Vater stehen. Liebe kennt doch keine Farbe, oder?

„Was machst du hier eigentlich?“, fragte ich Kimberly, als ich ihr das gewünschte Getränk brachte.

„Ich wollte mit Warren reden“, gab sie zu und lächelte scheu. Jeder Muskel in meinem durchtrainierten Körper spannte sich plötzlich an.

Sie wollte nur mit Warren reden? Zuerst nimmt er mir den Verein weg und jetzt meine Freundin? Na ja, meine Fast-Freundin. Jedenfalls so gut wie. Ich meine, so wie sie mich gerade anlächelt …

Ich überwand meinen kurzen Eifersuchtsanfall und bemühte mich, locker zu bleiben. „Worüber willst du mit ihm reden?“, fragte ich lässig nach.

„Ich wollte ihn fragen, wie er das hinkriegt mit den zwei Vereinen und so. Es hört sich interessant an.“

„Na ja. So interessant ist das auch nicht.“

Kimberly schaute mich neugierig an. „Du weißt es, nicht wahr? Ich meine, wie er das hinkriegt. Was erzählt er denn seinem Vater?“

Ich schwieg. Ich wollte nicht über Warren reden. Vor allem nicht mit Kimberly. Es gab so viele andere Sachen, über die wir sprechen konnten. Zum Beispiel über … über …

„Ist es für dich schwer, dass dein bester Freund da draußen ist und ohne dich trainiert?“, blieb Kimberly hartnäckig am Ball. „Bist du nicht neidisch auf ihn?“

„Ich freue mich für ihn“, log ich. Kimberly wusste natürlich nicht, dass ich für einen noch größeren Verein spielte.

Sie nippte an ihrem Wasser und schaute sich im Saal um. An der Wand hing ein vergrößertes Foto von der ganzen *Löwen*-Mannschaft von 1966: das Jahr, als die *Löwen* zum ersten und bis jetzt einzigen Mal Deutscher Meister wurden.

„Du bist doch Sechzger-Fan oder?“, fragte sie.

„Könnte man sagen.“

„Aber du gehst gerne auf die Galas vom FC Bayern?“, schmunzelte sie amüsiert. „Interessant.“

Panisch schaute ich zu meinem Vater rüber. Er machte gerade ein Foto von meiner Oma vor dem lebensgroßen Bild. Sie stand vor den strahlenden, schwarz-weißen Fußballspielern und hielt eine Plastikmeisterschaftsschale in die Luft. Kimberly lachte und schoss ein Making-of-Foto.

„Es gibt kein Gesetz, dass *Löwen*-Fans nicht auf FC-Bayern-Partys gehen dürfen“, verteidigte ich mich beleidigt.

Kimberly legte die Kamera zur Seite und schaute sich um. „In deinem Fall wundert mich das.“

Das Gespräch versiegte. Draußen ging das Training zu Ende. Warren und seine Teamkameraden latschten zurück zur Umkleidekabine. Ich überlegte fieberhaft, wie ich das Thema wechseln konnte, aber außer Fußball fiel mir nichts ein. Wenn Kimberly nur ein bisschen weniger schön gewesen wäre, dann wäre es mir bestimmt leichter gefallen.

Schließlich brach Kimberly das Schweigen: „Was machst du eigentlich am Donnerstagabend? Mein Chef vom *Kick* hat mir zwei Freikarten für die Premiere eines Dokumentarfilms geschenkt. Es geht um Fußball in München. Läuft im Stadtmuseum. Hast du Lust?“

„Ich?“ Mir blieb die Luft weg vor Überraschung. Verstand ich das richtig, oder stand ich kurz vor einer romantischen Verabredung mit meiner Traumfrau? „Donnerstagabend? Um wie viel Uhr?“

„Um sechs.“

Ausgerechnet dann! „Das geht nicht“, sagte ich mit Bedauern. „Ich habe Training.“

Kimberly wandte sich zum Fenster und schaute hinaus. „Dann frage ich Warren. Das ist für ihn bestimmt auch interessant.“

„Nein!“, erstickte ich ihre Idee im Keim. „Ich kann doch kommen. Das Training fällt ja am Donnerstag aus. Ist mir gerade eingefallen. Wann sollen wir uns treffen?“

„Kurz vor sechs vor dem Stadtmuseum?“

„Alles klar!“

„Dann feiere schön weiter. Vielen Dank fürs Wasser.“

Sie stellte das volle Glas auf der Fensterbank ab. Am Rand klebte ihr Lippenstift. Als ich wieder aufschaute, war sie weg. Es sah bezaubernd aus, wie sie aus dem überfüllten Saal stolzierte. Ich konnte mein Glück kaum fassen: Ich hatte ein Date mit dem schönsten Mädchen von ganz München!

## *Dennis off the ball*

Dennis didn't come to training on Thursday. I know because we always trained at the same time. We even went to training together. We took the bus and tram from Schwabing to Giesing before going our **separate ways**. Dennis wasn't on the bus that Thursday. Or on the tram. I tried to call him on his **mobile**, but it was **off**.

separate ways – getrennte Wege; mobile – Handy; off – aus

After training in the Grünwalder Straße I went over to the Säbener Straße to try and find him. I saw Mehmed, the U15 captain, and asked him where Dennis was. Mehmed just shook his head: "He didn't come today. He called Bruno to say he's ill."

"Ill? What's wrong with him?"

"How do you say Magen-Darm?"

"A **stomach bug**," I told him, but I didn't believe it for a second. Dennis was never ill. I couldn't help thinking of Kimberly. I **wondered** if she was the real stomach bug. Ever since she turned up at the FSV clubhouse, Dennis was different **somehow**. It was like he wasn't there half the time. After the gala he'd even said, "I want Kimberly to be my girlfriend."

"Forget about her," I warned him. "There's something not right about that girl. She's dangerous. Besides, she's too old for you. She's sixteen! 16-year-old girls are not interested in 14-year-old boys. That's a fact."

But Dennis didn't want to hear. Maybe he liked the idea that she was dangerous. He just said I was **jealous**.

stomach bug – Magen-Darm-Infektion; to wonder – sich fragen; somehow – irgendwie; jealous – eifersüchtig

“Are you **looking forward to** the game on Saturday?” asked Mehmed before I left. He was talking about our next match. The big derby: FC Bayern’s U15 against my team. **The ultimate showdown**.

“As we say in English: may the best team win ...”

Mehmed and I shook hands. Then I took the tram back to Schwabing and went to the clubhouse at FSV. I was hoping that I might find Dennis there. But I was wrong. He was nowhere to be seen.

“Hi, Warren, did you come for a game?” said a cheerful voice at the table football. It was Johanna.

It was so nice seeing Johanna again that for a moment I forgot all about Dennis.

“A game? Yeah, why not?” I said. Then I remembered Dennis’ **humiliating defeat**. I pointed at Johanna’s Bambini brother, Kevin, who was sitting next to the table. “Do you want to play with me? Du spielen mit? Otherwise I don’t have a chance.”

I don’t know if I wanted to use Kevin as an

to look forward to something – sich auf etwas freuen;
the ultimate showdown – die ultimative Kraftprobe;
humiliating defeat – erniedrigende Niederlage

alibi just **in case** I lost, or if I was secretly hoping he might be as good as his sister. Kevin's face lit up and he jumped to his feet. "Darf ich echt mitspielen? Cool!"

In the end, Kevin was no more than an alibi. We lost the first game 10 : 5, though to tell the truth, I don't think I would have done much better if I'd been playing alone. We played again. And again. And again. Soon it was **getting dark** outside.

"I have to take Kevin home," said Johanna. "It was fun. Maybe we can do it again sometime."

"Definitely."

Johanna was just about to go when it **occurred to me** that I still hadn't seen Dennis that evening. "Johanna?" I asked her before she left. "Do you know what Kimberly is doing tonight?"

"She went to the cinema."

"Alone?"

"She said something about a **cute** boy. But she says that quite a lot."

A cute boy? The **description** could certainly

in case – falls; to get dark – dunkel werden;
to occur to someone – jemandem auffallen; cute – süß;
description – Beschreibung

fit Dennis. I saw the way Kimberly looked at him at the gala. There was no question about it: she **fancied** him.

"Why? Is something wrong?" asked Johanna.

"No, everything's fine," I said. "It's just Dennis didn't go to training today and I would really like to know why ..."

## Lattenschuss

Damals war ich nicht mehr komplett grün hinter den Ohren, was das andere Geschlecht anbelangt. Es gab Sabrina, mit der ich meinen ersten Kuss in der Umkleidekabine beim FSV erlebt hatte. Danach kam Jasmin, auch eine Spielerschwester. Wir waren ewig zusammen. Fast drei Wochen, vielleicht sogar einen Monat. Aber ich wollte mich nicht festlegen. Die Dritte war Michelle. Mit ihr kam ich nicht weit. Genau genommen nur bis zur Bushalte-

to fancy someone – auf jemanden stehen

stelle. Bis dahin hatte sie schon entschieden, dass sie mit mir nichts zu tun haben wollte. Michelle war im Judoverein. Sie suchte sich lieber einen anderen, mit dem sie ringen konnte.

Danach schwor ich, nie wieder Zeit mit Mädchen zu verplempern. Aber damals kannte ich Kimberly noch nicht. Wenn man das fußballtechnisch betrachtet, spielten bisher alle meine weiblichen Errungenschaften in der Kreisklasse. Im Vergleich dazu war Kimberly in der *Champions League.*

Wir trafen uns vor dem Stadtmuseum. Ich war fast so aufgeregt wie vor dem Turnier in Sendling. Dazu plagte mich ein schlechtes Gewissen, was meiner inneren Anspannung nicht gerade half: Ich hatte das Training geschwänzt. Zum ersten Mal. Weil es ein Notfall war. Der Gedanke an Kimberly und Warren zusammen im Kino machte mich krank.

Kimberly sah wieder traumhaft aus. Ich war stumm wie ein Fisch. Vor dem Eingang hatten sie einen roten Teppich ausgelegt. Fotografen flankierten ihn und knipsten Filmemacher und Stadtprominenz, die zur Premiere auftauchten. Ich ärgerte mich, dass ich Warrens Smoking nicht wieder angezogen hatte. Stattdessen trug ich meine beste Trainingsjacke. Hellblau natürlich. Ich fühlte mich wie ein Filmstar in Hollywood, nur diesmal deutlich *underdressed.*

Trotzdem versuchte ich, in die Kamera zu lächeln, als ein paar Fotografen versehentlich Kimberly und mich beim Reingehen fotografierten. Im Foyer zogen einige Kellner mit Tabletts voller Sekt und Häppchen durch den Raum.

Kimberly nahm zwei Gläser. „Willst du auch eins?“, fragte sie und drückte mir den Sekt in die Hand.

Nee, eigentlich nicht. Ich trinke doch keinen Alkohol, wollte ich gerade sagen, aber Kimberly hatte nur kurz Luft geholt, bevor sie weitersprach: „Sag mal, Warren und die *Junglöwen* … Was passiert, wenn er die Probezeit besteht?“

Nicht schon wieder Warren!! Er war nicht nur das fünfte Rad am Wagen, sondern sogar das sechste und siebte! Er musste nicht mal anwesend sein, um mir den Boden unter den Füßen wegzuziehen.

„Wenn er die Probezeit schafft, muss er mit seinem Vater reden“, erklärte ich widerwillig.

„Glaubst du, dass Herr Pott es zulässt?“

Mich nervte das ganze Gelaber über Warren. Woher sollte ich wissen, wie sein Vater darauf reagieren würde? Ich konnte nicht verstehen, warum Kimberly so auf ihn fixiert war. Ich meine, wenn sie auf Warren stand, warum hatte sie nicht *ihn* ins Kino eingeladen?

Eine tiefe italienische Stimme unterbrach meinen brisanten Gedankengang: „*Buon giorno,* Dennis! Was für eine Überraschung!“, rief ein Mann durch das Foyer. Seine Worte jagten mir einen Schauder über den Rücken. Das war wirklich eine Überraschung. Und zwar eine böse.

Schlagartig drehte ich mich um und sah Franco Toni, Leiter der Jugendabteilung beim FC Bayern. Neben ihm stand seine Frau. Sie trug eine tote Katze um den Hals.

„Geht’s dir besser, mein Junge?“

„J-ja“, stammelte ich und fasste mir reflexartig an den Bauch. „Ich meine, nein. Nicht hundert Prozent.“

„Magen-Darm-Infektion!“, erklärte Franco Toni seiner eleganten Gattin. „Das kommt so schnell. Heute konnte der Junge nicht mal trainieren. Der Arme! Manchmal hilft da nur ein Glas Sekt.“

Franco Tonis Frau nickte vielsagend und schaute auf das Getränk in meiner Hand. Mein Magen drehte sich um. Wenn ich vorher nur ein bisschen Fantasieinfektion hatte, litt ich jetzt unter einem voll ausgebrochenen Magengeschwür.

Kimberly schaute mich verblüfft an und flüsterte: „Wie? Du spielst bei den Bayern?“

Ich schaffte nur noch ein minimales Kopfnicken. Dann, als ob sie ihm erst jetzt aufgefallen wäre, lächelte Franco Toni das schöne Mädchen an meiner Seite an. „Ach, Kimberly! Wie geht es dir?“

Ich konnte es nicht fassen. Sie kannten sich!

Herr Toni gab ihr die Hand. „Schön, dich wiederzusehen. Was macht dein Artikel?“

„Dem geht's sehr gut, danke“, erwiderte Kimberly gefasst. „Er wird Ende der Woche gedruckt.“

Franco Toni stellte Kimberly seiner Frau vor. „Das ist die *Signorina* vom *Kick!* Sie schreibt einen Artikel über Jugendmannschaften in München. *Molto interessante.*“

Frau Toni guckte interessiert. Derweil schien die Katze zu gähnen.

„Du hast alle Infos über unsere Jugendabteilung, die du benötigst?“, fragte Herr Toni fürsorglich nach. „Oder kann ich noch etwas für dich tun?“

Kimberly überlegte. „Vielleicht ein Foto von

Ihnen und Dennis?", fiel ihr ein. „Nur für mich. Als Erinnerung."

„*Certo, Signorina!* Dennis, komm mal hierher, mein Junge!" Franco Toni zog mich etwas heftig am Oberarm und legte seinen Arm um meine Schultern. Er drückte mich fest an sich und grinste in die Kamera. „Jetzt lächle mal, Dennis! Du siehst aus, als ob du bei deinem eigenen Begräbnis wärst!"

Nach dem Foto verabschiedeten sich Franco Toni und seine Frau. „Ich freue mich auf deinen Artikel, *Signorina!* Und Dennis, wir sehen uns morgen beim Training. Bis dahin ist die Krankheit sicherlich ausgestanden, nicht wahr?"

Die Kinotüren wurden geöffnet. Es war Einlass. Die Menschenmenge drängte sich langsam in den kleinen Saal. Ich rührte mich nicht von der Stelle.

„Ist alles in Ordnung?", fragte Kimberly besorgt. „Oder erleidest du gerade einen Rückfall?"

Ich zog eine Grimasse. „Ich glaube ja. Ich muss jetzt gehen. Ich schulde meinem Trainer eine Entschuldigung."

Kimberly hakte sich bei mir ein. „Du meinst bei den Bayern? Dann komme ich mit. Ich wollte den Film sowieso nicht sehen."

Bis wir aus der Straßenbahn ausstiegen, sagte keiner etwas. Ich war im Zombiemodus. Ich starrte vor mich hin und versuchte, meine Gedanken zu ordnen. Ich hatte Scheiße gebaut. Man kann das nicht anders sagen. So eine Nummer mitten in der Probezeit! Ich muss verrückt gewesen sein. Ich hätte mir genauso gut eine Knarre besorgen und mir in den Fuß schießen können. Dass Kimberly jetzt mein Geheimnis kannte, war das geringste Problem.

Ich bat Kimberly, bei Bela zu warten, während ich zur Säbener Straße ging und Bruno aufsuchte. Das Training war schon vorbei, aber Bruno war noch da. Er saß an seinem Schreibtisch im Büro und schrieb einen seiner Berichte.

„Es tut mir leid," murmelte ich verschämt, als ich vor Brunos Schreibtisch stand und mich stellte.

Bruno stand auf und heftete den Bericht in einem Ordner ab. „Was?", ließ er mich schwitzen.

Ich senkte den Kopf. Es gab keine Strafe, die schlimm genug für dieses Verbrechen gewesen wäre. „Ich war nicht krank", gestand ich. „Ich war mit … mit einem … "

„… Mädchen aus", vollendete Bruno meinen Satz und nickte wissend. „Ich weiß. Franco Toni hatte mir schon eine SMS geschickt. Die sind schlimmer als ein Kreuzbandriss."

„Wer?"

„Die Mädchen."

„Ja. Das stimmt." Ich dachte an Kimberly bei Bela. Er meinte natürlich nicht sie. Kimberly war eine Ausnahme.

„Sorry. Es war blöd von mir."

„Allerdings. Wenn du noch so einen Fehler machst, fliegst du hier raus. Hast du verstanden?"

Ich nickte.

„Jetzt geh nach Hause. Und sei am Samstag fit. Wir brauchen dich, um die *Junglöwen* zu schlagen."

Der einzige Trost war Kimberly. Sie war wirklich sehr verständnisvoll. In der Straßenbahn nach Hause hängte sie sich an meinen Arm und das fühlte sich gut an. Sie gab mir Kraft. Sie meinte, sie hätte mich nie eingeladen, wenn sie gewusst hätte, dass ich eigentlich trainieren müsste. Es gäbe nichts Schlimmeres als Frauen, die ihren Männern im Weg stehen. So eine sei sie nicht. Zumindest behauptete sie das. Ich konnte nichts dazu sagen. Ich wusste nur, dass

Kimberlys Lippen waren süßer als ein Torschuss.

sie nichts falsch gemacht hatte. Die Schuld lag ganz und gar bei mir.

An der Haltestelle mussten wir den Abend zu Ende bringen.

Zum Abschied presste Kimberly ihren Körper an meinen.

„Ich hoffe, wir sehen uns bald wieder“, flüsterte sie und schob ihren Kopf ein bisschen näher. Sie war so nah, dass ich den Duft ihres Atems riechen konnte. „Ich glaube, du hast eine Menge zu erzählen.“

Das überraschte mich. Ich hatte den ganzen Abend so viel gesagt wie ein Mexikaner in Shanghai.

Dann beugte sie sich nach vorn und küsste mich auf den Mund. Ein elektrischer Schock fuhr durch meinen Körper. Kimberlys Lippen waren süßer als ein Torschuss. Es kribbelte wie bei der Vorfreude auf einen Elfmeter. Wenn sich so ein Kreuzbandriss anfühlt, dann her damit! Ich habe keine Angst!

*Falling out*

“I think my cousin **is in love with you**,” Johanna said to me on the phone the next day.

“In love with me? What makes you think that?”

“She came home late last night after going to see that film. Remember? I told you about it.”

to be in love with somebody – in jemanden verliebt sein

Of course I remembered. I still hadn't found out if Dennis was the 'cute boy' Kimberly went out with. I hadn't spoken to Dennis at that point. My school finished before his on Fridays.

"She was in a really good mood," continued Johanna. "She **kept** smiling to herself and **sighing**. Like I said, it was **as if** she'd fallen in love. This morning at breakfast she was looking at photos in her camera. She kept saying 'sehr schön' with this big smile on her face. Anyway, she went to the toilet and she left the camera on the table. Ich konnte einfach nicht widerstehen: I looked at the photos. They were all of you!"

"Of me?"

"Yes! You at football training. But you were wearing a blue football shirt. I don't understand that. Why is that, Warren? I thought you played for FSV?"

"It's a long story," I said to Johanna. "Look, why don't we meet up this afternoon? Then I can tell you what this is all about."

I'd only just **hung up** when I got a surprise call: Mehmed from the U15 of FC Bayern. He'd asked Harry for my telephone number.

to keep doing something – etwas wiederholt machen;
to sigh – seufzen; as if – als ob; to hang up – auflegen

"I wanted to talk to you about Dennis," he explained on the phone. "There's a problem."

"What kind of problem?"

"I think Dennis is going to **fail** the Probezeit **unless** he **does something about it**."

"I don't understand. Why should he fail? He's good."

"Dennis is not concentrated at the moment. He's **lost his focus**. Bruno said something about a girl. Do you know anything?"

"Not really," I said **honestly**, but I was now more sure than ever that the girl was Kimberly.

"Then you should find out," said Mehmed. "And maybe you should talk to her if you know who she is. Explain the situation to her. Tell her: Sie soll ihn nicht verrückt machen. You know what I mean?"

I knew what he meant. "OK. I'll see what I can do. I know her cousin."

"Perfect," said Mehmed. "See you tomorrow at the game. And good luck **by the way**!"

I called Johanna back and told her she should **bring** Kimberly **along** to my house in

to fail – durchfallen; unless – es sei denn;
to do something about something – etwas dagegen unternehmen;
to loose one's focus – unkonzentriert sein; honestly – ehrlich;
by the way – übrigens; to bring along – mitbringen

the afternoon. Then I gave Dennis a call. School was over by then.

"Hi, Dennis! How are you?"

Dennis didn't sound like he was in a good mood at all. "OK," he said without saying hello.

"Why didn't you go to training yesterday?"

"I **was busy**."

"With Kimberly?"

"Maybe."

It was just as I'd **feared**. I decided to warn Dennis: "Listen, Dennis, I don't know if it's a good idea to start a **relationship** with Kimberly right now ..."

"Mann, was ist mit dir los, Warren?" Dennis **snapped at** me angrily. "I don't know what your problem is with Kimberly. You should find a girlfriend **of your own**. Then maybe you'll stop being jealous. There's nothing wrong with Kimberly. She's OK."

"I'm not saying that. It's just I spoke to Mehmed and he said ..."

Dennis didn't let me finish my sentence. He shouted into the phone. It was like he was out of his mind. "I'm not interested in what

to be busy – beschäftigt sein; to fear – fürchten;
relationship – Beziehung; to snap at somebody – jemanden anfahren;
of one's own – sein/ihr eigenes

Mehmed said! What is wrong with you, Warren? Hör einfach auf, auf Kimberly rumzuhacken, verstanden?"

And then he hung up. Just like that. That was the end of the conversation.

## Konter

Warren war selber schuld. Von Anfang an hatte er etwas gegen Kimberly. Ich weiß nicht was. Irgendwas gefiel ihm nicht an ihr. Wie sie ging, wie sie sprach, keine Ahnung. Auf jeden Fall hatte er sie auf dem Kieker. Mir reichte es. Zugegeben, ich war ziemlich gereizt. Das wäre ja jeder andere in meiner Situation. Ich tappte sozusagen in dunkelster Finsternis: Kimberly hatte sich nach dem Kuss nicht mehr gemeldet.

Unser erstes Date endete nämlich nicht an der Haltestelle. Es war so toll mit ihr, ich wollte nicht, dass es zu Ende ging. Zuerst wusste ich nicht, wohin mit uns. Zu Hause war das Licht hinter den *Löwen*-Vorhängen noch an. Außerdem hatte ich keine Lust, mit meiner neuen

Freundin in dem Raum zu knutschen, in dem meine Schwester selig vor sich hin schnarchte. Dann fiel mir das Vereinsheim ein. Ich wusste, wo Harry den Schlüssel versteckte.

Es war ein genialer Abend. Hinter den geschlossenen Rollläden des Vereinsheims haben wir nicht nur geküsst, sondern auch geredet. Es hat mir gutgetan, darüber zu sprechen. Das Katz-und-Maus-Spiel ging mir langsam auf den Wecker. Ich hatte keinen Bock mehr auf Lügen. Das machte mich fertig. Ich erzählte Kimberly die Wahrheit, von A bis Z, mit allem Drum und Dran, ohne Punkt und Komma.

„Du kannst so gut erzählen“, meinte sie zu mir. Und sie war auf jeden Fall eine gute Zuhörerin. Ob ich gut erzählen konnte, daran zweifelte ich, aber eins stand fest: Ich hörte gar nicht mehr auf. Zwischendurch gab es auch einen Kuss oder zwei. Kurz nach Mitternacht brachte ich meine wunderschöne neue Freundin nach Hause.

Am nächsten Tag schickte ich ihr auf dem Weg zur Schule gleich eine SMS. In der ersten Pause wiederholte ich die Aktion, weil die erste SMS offensichtlich nicht angekommen war. Sie trieb sich irgendwo im Weltall herum. Sonst hätte Kimberly sich bestimmt gemeldet.

Aber Kimberly antwortete auch nicht auf die zweite SMS. In der nächsten Pause rief ich sie an. Es klingelte, aber sie ging nicht ran. Als die Schule endlich vorbei war, war ihr Handy aus. Ich sprach auf die Mailbox.

Langsam fing ich an, mir ernsthafte Sorgen zu machen. Lag es an mir? Hatte ich etwas Blödes gesagt? War ich zu langweilig? Zu aufdringlich? Hatte ich gesabbert? Oder redete ich einfach zu viel? Vielleicht hatte Warren recht: Normalerweise guckten 16-jährige Mädchen 14-jährige Jungs nicht mal mit einer halben Pobacke an.

Als Warren mich anrief, war ich schon super schlecht gelaunt. Ich hatte Kimberly fünf SMS geschickt und zwei Nachrichten auf ihre Mailbox gesprochen. Die einzige plausible Erklärung wäre ein unerwarteter Krankenhausaufenthalt, wenn nicht sogar eine Nah-Tod-Erfahrung.

Und dann kam Warren mit seinem Psychogedöns. Darauf hatte ich überhaupt keine Lust. Ich machte ihn zur Schnecke und ging allein zum Training in die Säbener Straße. Bruno hatte natürlich die Peitsche für mich rausgeholt. Ich musste alles zweimal schneller und zweimal länger machen als die anderen. Es war meine verdiente Strafe. Leider konnte ich mich dabei überhaupt nicht konzentrieren. Die ganze Zeit dachte ich an Kimberly. Ich wusste nicht, warum sie böse auf mich sein sollte.

Bruno war nicht zufrieden mit meiner Leistung. „Hier spielt die Musik,“ sagte er und zeigte auf die Kugel am Fuß. „Du bist nicht bei der Sache. Was macht der schwarze Löwe heute? Schläft er? Ruht er sich aus? Lässt er die Löwinnen für ihn auf die Jagd gehen? Eins sag ich dir: Wir haben keinen Platz für Könige in dieser Mannschaft. Hier ziehen wir alle an einem Strang, oder kennst du den Begriff nicht?“

Bruno war richtig sauer. Ich gab mein Bestes, das Training ohne weitere Auffälligkeiten zu absolvieren. Auf einmal war es mir egal, ob ich die Probezeit bestehen würde oder nicht. Ich musste es nur noch schaffen, den Tag zu überleben. Ich war am Ende.

Nach dem Training versuchte ich wieder, Kimberly zu erreichen. Vergeblich. Dann ging ich zur Haltestelle und wartete auf Warren. Er kam nicht. Also fuhr ich allein zurück. Ich wollte gerade ins Haus gehen, als ich aber vor unserer Wohnungstür stand, überlegte ich es mir anders. In Zeiten wie diesen konnte ich es mir nicht leisten, dass meine Freunde zu Feinden wurden. Ich wollte mit Warren reden und Klarschiff machen.

Ich drehte mich um und ging zu Fuß zu Warren. Ich schlängelte mich durch den Englischen Garten, überquerte die Isar und ging durch die prächtigen Bogenhausener Straßen zu Warrens Haus. Ich klingelte und sein Vater öffnete die Tür. Er war gerade am Telefon.

„Yes, **darling**, of course I can pick you up at the airport …“ Er winkte mich rein, ohne das Gespräch abzubrechen, und ich fragte mich, wer sein „Liebling“ sein mochte. Soweit ich wusste, hatte Warrens Vater keine neue Freundin, seit er hier in München war.

“Of course, my love“, setzte er das Telefonat fort. Ich folgte ihm ins Haus. „Warren will be so happy to see you. Do you want to speak to him?“

Dann schnallte ich es: Der Schatz am anderen Ende der Leitung war Warrens Mutter! Sie wollte nach München kommen. Darüber würde Warren sich riesig freuen! Er hatte seine Mutter wirklich sehr vermisst.

„Yes, darling“, sagte Warrens Vater mit feuchten Augen. “I'm sure we can **make it work**. Yes, yes, yes. I love you, too, you know that.“

darling – Schatz, Liebling; to make something work – etwas hinkriegen

Ich dachte, Mr Pott würde auf der Stelle vor Glück in Tränen ausbrechen. Er zeigte auf den Hörer, dann auf den Himmel und grinste breit. „Es gibt einen Fußballgott!“, flüsterte er mir zu und streckte die Faust in die Luft. Vollkommen gefasst sagte er in den Hörer: „Yes, darling, everything will be just like it was before. **Don't** you **worry** about that ...“

Ich wollte nicht warten, bis das Telefonat zu Ende war. Ich hatte Angst, dass mich Warrens Vater in seiner Aufregung mit seiner Gattin verwechseln und mir womöglich gleich volle Pulle auf den Mund schnäbeln würde. Ich schlich die Treppe hoch. Herr Pott rief mir hinterher: „Warren's in his room.“ Dann widmete er sich wieder seiner Gemahlin.

Im ersten Stock war alles ruhig. Außer in Warrens Zimmer. Von dort hörte ich Stimmen. Warren und ein Mädchen.

„Please, just do it, Kimberly!“, sagte der Engländer, den ich so gut zu kennen glaubte.

Ich erstarrte und hielt den Atem an. Mein Herz hämmerte wie wild. Warren war in seinem Zimmer mit Kimberly?! Was war das denn für eine Nummer?

don't worry – mach dir keine Sorgen

„Oh, Warren, you're so sweet", hörte ich Kimberlys seidige Stimme und sie lachte.

„I'm **glad** you think so", meinte Warren. „So will you do it?"

Kimberly kicherte. „I can't."

„Please, Kimberly. I'm **begging** you," flehte Warren sie an.

Was wollte er von ihr? Einen Kuss? Ein Autogramm? Dass sie sich auszieht? Ich trat näher an die Tür und griff mit zittriger Hand nach der Klinke. Ich hatte Angst, dass ich Kimberly und Warren halb nackt auf dem Bett erwischen würde.

„Oh Warren!", seufzte Kimberly. „I really wish I could, but I can't. I'm not that kind of girl."

„You're not?"

„No", wiederholte sie. „I know I look like it, but I can't just fall in love with anybody. Anyway, I already have a boyfriend."

Genau. Und das bin ich! Warren, du englisches Schwein! Was wollte er eigentlich von ihr? Ich verbot mir, daran zu denken.

„Maybe this can **change your mind**", sagte

to be glad – sich freuen; to beg someone – jemanden anflehen;
change one's mind – seine Meinung ändern

Warren. „Here. 150 euros. Take it! Please! I'm asking you for the last time. Could you fall in love for that?"

Na, das ging mir aber entschieden zu weit. Warren wollte Kimberlys Liebe erkaufen! Unglaublich! Skandalös! Für was hielt er sich?

Wütend machte ich die Tür auf und erwartete, dass meine neue Freundin meinem besten Freund gerade eine Ohrfeige verpassen würde. Stattdessen bekam ich den Schreck meines Lebens: Warren saß auf seinem Bett. Kimberly stand vor ihm. „You really are so sweet!", seufzte sie beglückt. Dann beugte sie sich vor, stützte sich mit den Händen auf seine Knie und küsste ihn mit Schmackes.

Ich war völlig sprachlos. Als die Tür gegen die Wand knallte, schaute Warren überrascht zu mir hoch. Er sprang sofort auf und rief: „Dennis! Wait! It's not what you think …" Gleichzeitig drehte sich Kimberley um. Sie sah mich im Türrahmen und schnappte verdutzt nach Luft. Ich blieb keine Sekunde länger stehen. Ich brauchte keine Erklärungen. Ich hatte genug gesehen. Was hätte ich auch falsch verstehen können? Dafür brauchte ich keine Zeitlupenwiederholung.

Ich drehte mich um und lief den Flur entlang.

Dennis! It's not what you think.

Warren fauchte Kimberly gereizt an und lief hinter mir her, aber ich hatte einen klaren Vorsprung. Als ich die Treppe hinunterstürzte, kam mir Warrens Vater mit der guten Nachricht für seinen Sohn entgegen. Er hielt den Hörer in der Hand und summte glücklich vor sich hin. Ich raste an ihm vorbei und stieß ihm versehentlich den Hörer aus der Hand. Der flog über die Balustrade und krachte auf den Boden im Erdgeschoss.

„Dennis? **What the hell's got into you?**", blaffte mich Herr Pott an, doch ich blieb nicht stehen. Nicht mal für den Bruchteil einer Sekunde.

Ich lief die Treppe weiter runter, stürmte aus dem Haus und floh atemlos auf die Straße. Warren rief hinter mir her, aber ich war weg.

Erst als ich die verlassenen Wege des Englischen Gartens erreichte und ganz allein war, hörte ich auf zu laufen. Dann musste ich an die Worte meines Vaters denken: „Diese Bayernhansis, die sind alle gleich!" Wenn ich nur auf ihn gehört hätte. Mein Löwenherz war in kleine Stücke zersprungen.

What the hell's got into you? – Was zum Teufel ist in dich gefahren?

*End of an era*

I tried to call Dennis several times that day, but he refused to speak to me. I sent him at least five **text messages** explaining the situation, but I never got a reply. I went around to his **flat**, but his Dad wouldn't let me in. "Es tut mir leid, Warren, aber Dennis hat mir ausdrücklich gesagt, dass er dich nicht sehen will," said Herr Konrad. I even tried to call Kimberly to ask her to explain everything to Dennis, but she didn't answer the phone either.

I know what it must have looked like when Dennis came into my room, but the situation was very different to what he thought. All I wanted to do was ask Kimberly to help Dennis **stay focused** until the end of the trial period. When she told me that she already had a boyfriend, and that boyfriend wasn't Dennis, I panicked.

"So why did you go on a date with Dennis if you already have a boyfriend?" I asked her.

text message – SMS; flat – Wohnung;
to stay focused – konzentriert bleiben

"Who said it was a date?" was her reply.

For Dennis it was a date, there was no **doubt** about that. He was in love with Kimberly. I could hear it in his voice on the phone. And if he found out that Kimberly already had a boyfriend, then he would **be devastated**. It was a **disaster**!

I asked Kimberly to at least **pretend** to be Dennis' girlfriend until the end of the trial period. She kept saying how 'sweet' it was of me to ask her. Then she kissed me on the **cheek** before leaving. That was when Dennis came into the room. He didn't even see Johanna. She was standing behind the door **at the time**.

Harry had a simple **explanation**. "Ich bin jetzt seit dreißig Jahren Trainer," he said to me when I went to the clubhouse in the evening with Johanna. "Da habe ich gelernt, dass zwei und zwei niemals vier ist."

"Don't worry about it," Johanna said to me. "You'll see him tomorrow at the game. You can talk to him afterwards. By then he'll have **calmed down**."

doubt – Zweifel; to be devastated – am Boden zerstört sein;
disaster – Katastrophe; to pretend – vortäuschen; cheek – Wange;
at the time – zu der Zeit; explanation – Erklärung;
to calm down – sich beruhigen

The Boss agreed. “Freundschaften brauchen schwierige Zeiten,” he said. “Es ist wie im Fußball. Solange eine Mannschaft Tore macht, ist alles wunderbar. Aber warte mal, bis sie zur Halbzeit 3 : 0 zurückliegt. Erst dann zeigt eine Mannschaft, was in ihr steckt. Ob sie kämpfen, zusammenhalten, sich etwas Neues einfallen lassen kann und es immer wieder probiert. Oder aufgibt. Glaub mir, nur dann kann man sagen, ob eine Mannschaft gut ist. Es wird dir mit Dennis genauso gehen. Bleib einfach am Ball.”

Harry’s advice was good and it **made sense** to me. But I still couldn’t sleep that night. It wasn’t just the situation with Dennis that **kept** me **awake**. Or the game the next day against the U15 Bayern boys. I kept thinking about Mum. She was coming home. **At last**! It had been three months since she left. I was so excited about seeing her again. But at the same time I **was scared**. I wondered if things ever really could be the same again. With my mum and with Dennis too.

to make sense – einen Sinn ergeben, Hand und Fuß haben;
to be kept awake – wach gehalten werden;
at last – endlich; to be scared – Angst haben

## Foulspiel

Vor dem wichtigsten Spiel seines Lebens sagte einst ein berühmter englischer Fußballspieler namens Paul Gascoigne den folgenden weisen Satz: „Ich mache nie Voraussagen und werde das auch niemals tun.“

Ich weiß, was er damit meinte, auch wenn es etwas widersprüchlich klingt. Vor einigen Wochen hätte ich nie vorausgesagt, dass mein Traum, beim deutschen Rekordmeister zu spielen, in Erfüllung gehen würde. Und jetzt – kurz vor dem großen Spiel gegen die *Junglöwen* – hätte ich auch nicht gedacht, dass die Probezeit zu einem solchen Ende kommen würde.

Es war das erste Mal, dass Warren und ich gegeneinander spielten. Schon vor dem Anpfiff feuerte ich aus allen Kanonen. Ich war entschlossener als ein ausgehungerter Rottweiler vor einer frisch bestückten Metzgerei. Ich wollte unbedingt das Spiel gewinnen und dabei meinen Platz in der U15-Mannschaft sichern. Tore mussten fallen. Und zwar mindestens eins, direkt von meinem flinken rechten Fuß.

Ich war immer noch sauer auf Warren. Ich musste ständig daran denken, wie ich ihn und Kimberly in flagranti in seinem Zimmer erwischt hatte. Für mich war unsere Freundschaft von dem Augenblick an vorbei. Geschichte. Vergangenheit. Passé. Er hat das Schlimmste gemacht, was ein bester Freund tun kann: die eigene Freundin auszuspannen. Ich würde ihm nie verzeihen können. Nicht einmal auf Befehl des Papstes. Es war schlimmer als eine Beinamputation.

Kimberly hatte sich nicht mehr gemeldet. Ich weiß nicht, was in ihr vorging. Offensichtlich bedeutete ich ihr nicht so viel wie sie mir. Ich wartete die ganze Zeit auf ihren erlösenden Anruf. „Hi, Dennis, ich kann dir alles erklären: Ich wollte Warren nur meinen neuen Lippenstift zeigen und dann bin ich gestolpert. Glaub mir!" Ich würde ihr glauben. Hundertpro. Oder: „Ich leide momentan unter einem starken Orientierungsverlust. Ich dachte, ich wäre bei dir!" Kein Problem, Süße. Kann passieren.

Aber Kimberly rief nicht an.

Da Warren auf der linken Seite spielte und ich rechts, standen wir einander direkt gegenüber. Bei der Aufstellung begegneten wir uns an der Mittellinie. Meine Schuhspitzen tippten an den weißen Strich. Zwischendurch schüttelte ich mir die Beine aus. Warren machte dasselbe. Wir starrten uns an wie zwei Boxer vor dem Titelkampf. Man hätte unser Adrenalin riechen können.

„Why didn't you answer my text messages?", fragte Warren, als der Schiri den Ball auf den Mittelpunkt legte.

„Because I didn't read any of them", antwortete ich knapp und spuckte demonstrativ auf den Boden. Dann sah ich Kimberlys Cousine auf der Tribüne. Johanna. Sie war allein. Ich dachte, ich biete ihr mal etwas, wovon sie Kimberly erzählen kann. Morgen kommt sie auf Knien zurückgekrochen.

Der Schiri pfiff an. Alex drehte sich mit dem Ball um, sah mich auf der rechten Flanke und spielte einen flotten Pass zu mir rüber. Ich war in Gedanken immer noch bei Kimberlys reuevoller Rückkehr. Ich würde ihr verzeihen. Keine Frage. Nur Warren nicht. Dann sah ich den Ball vor meinen Füßen. Ich stand starr da wie ein Pfosten. Warren drängte von hinten. Ich wollte den Ball mit einem Haken zurückziehen und so an Warren vorbeikommen, aber Warren nippte mir die Pille zwischen den Beinen weg. Bevor ich reagieren konnte, schaltete er in den höchsten Gang und rauschte zum Angriff.

Wenn man schlecht drauf ist – so wie ich an diesem Tag –, ist der erste Ballkontakt von großer Bedeutung. Wenn er gut ist, gibt er dir Hoffnung. Du merkst, da geht noch was. Du kannst es, trotz allem. Wenn er schlecht ist, bestätigt er nur deine schlimmste Befürchtung: Du bist eine Null. Eine Vollflasche. Ein hoffnungsloser Fall. Egal, wie du dann kämpfst, es läuft nichts mehr. Es spielt sich alles nur im Kopf ab. Wenn du so drauf bist, kannst du direkt nach Hause gehen.

Ich hatte das Gefühl, ich laufe nur dem Ball hinterher. Egal, was ich machte, es war falsch. Der lange Pass zu Alex nach vorne fiel zu kurz aus. Der Rückpass zu Knut war gefährlich lang. Wenn ich den Ball bekam, schaute ich nur dahin, wo Warren war. Ich konnte keine zwei Schritte laufen, ohne dass er mit Vollgas auf mich zuraste. Er stürzte sich auf mich wie ein Löwe auf seine Beute. Ich war ein Magnet für seine Fußspitzen.

Im Laufe des Spieles wurde ich zunehmend frustrierter. Das ersehnte Tor gelang nicht. Sobald ich auch nur annäherungsweise in die Nähe des Strafraumes kam, stand der stämmige Warren vor mir wie eine britische Backsteinmauer. Ich kämpfte, aber es nutzte nichts. Warren war mir einfach überlegen.

Zur Halbzeit stand das Spiel 2 : 2. Es war eine spannende Partie. Bruno war ziemlich zufrieden mit der Leistung der Mannschaft. Ich konnte das nicht verstehen. Ich dachte, wir wären schlecht.

Anscheinend nur ich.

„Wir müssen mehr kombinieren“, forderte unser Trainer in der Halbzeitbesprechung. „Besonders auf der rechten Seite. Ihre Nummer siebzehn, der Pott, keine Ahnung, was er gefrühstückt hat, aber er geht heute ab wie eine Rakete.“

„Ich komme nicht an ihm vorbei“, schnappte ich erschöpft nach Luft, während ich mir eine Flasche Wasser über den Kopf goss.

„Du musst es nicht allein tun“, erinnerte mich Bruno. „Ihr seid elf Mann auf dem Platz.“

„Ja!“, beschwerte sich Alex verärgert. „Du musst mehr abgeben. Du spielst, als ob du allein vorm Computer hocken würdest.“

Als es wieder losging, klopfte mir Mehmed auf die Schulter. „Bleib locker, Dennis. Du wirkst total verkrampft. Das sind nur *Löwen* da draußen. Die hauen wir vom Platz!“

In der zweiten Halbzeit blieb alles wie gehabt. Ich bemühte mich, mehr abzuspielen und nicht auf Warren fixiert zu sein. Aber er ließ mich nicht in Ruhe. Wo immer ich war, war er auch. Er klebte an mir wie ein ausgelutschter Kaugummi unter der Fußsohle.

Nach zehn Minuten der zweiten Halbzeit lief ich von der rechten Seite aus völlig frei auf den gegnerischen Strafraum zu. Warren holte mich ein und versuchte, den Ball zu erobern. Ich ließ ihn nicht ran und lief immer weiter aufs Tor zu. Dabei lehnte ich mich ihm leicht entgegen, so wie ein Motorradfahrer in der Kurve liegt. Es war völlig legitim. Er konterte die Bewegung mit seinem Gegengewicht. Wir waren Schulter an Schulter. Wer zuerst sein Gleichgewicht verlor, war aus dem Rennen.

Als wir den Strafraum erreichten, war Warren immer noch hartnäckig an mir dran. Ich hörte nicht auf zu laufen. Er auch nicht. Ich sah allein das Tor vor mir. Ich musste nur noch Warren abhängen. An dem Torwart vorbeizukommen, wäre Pillepalle. Ich schubste Warren leicht mit dem Arm. Das war nicht mehr ganz legitim, aber der Situation entsprechend. Einen Versuch war es wert. Warren ließ es sich nicht gefallen. Er drückte zurück. Ich dachte, ich werde den Mistkerl nie mehr los.

Niemand bejubelte mein elegantes Tor.

Dann passierte es. Ich kann nicht erklären, wie es dazu kam. Es war eine Schande. Die größte fußballerische Sünde, die ein Spieler begehen kann: Ich holte mit dem Arm aus und knallte Warren meinen Ellbogen ins Gesicht. Volles Pfund. Er fiel wie ein Kartenhaus in sich zusammen. Als ich am Torwart vorbeischoss und der Ball ins Netz prallte, hörte ich, wie der Schiri abpfiff. Ein Raunen ging durch die Menschenmenge. Niemand bejubelte mein elegantes Tor.

Ich drehte mich um und sah Warren flach auf der Fünfmeterlinie liegen. Er krümmte sich vor Schmerzen und hielt seine Hände an die Nase. Ich sah das knallrote Blut, das ihm durch die Finger floss. Seine Teamkameraden liefen zu ihm. Andere stürmten wütend auf mich zu und fingen an, mich hin und her zu schubsen. Entschieden zog mich Mehmed zur Seite und hielt sie mir vom Leib. Der Schiri war sofort zur Stelle. Ich sah die kleine rote Karte in seiner Hand. Er streckte sie mir über den Kopf und rief etwas, das ich nicht mehr verstehen konnte. Mir brummte der Schädel, als käme ich gerade aus der Disco.

Mit hängendem Kopf latschte ich vom Platz. Beim Hinausgehen beschimpften mich die *Junglöwen*-Spieler. Auf der Tribüne buhte mich die Menge aus. Wolfgang schickte die Sanitäter zu Warren auf das Spielfeld. Er lag immer noch auf dem Boden, als ich die Außenlinie überquerte.

Niemand aus meiner Mannschaft sagte etwas. Keiner kam, um mich zu trösten. Bruno schaute mich nur entgeistert an und wartete, bis ich in der Umkleidekabine verschwunden war. Als Letztes sah ich Johanna. Sie drängte sich besorgt durch die Menschenmenge. Sie wollte zu Warren. Jetzt hatte ich ihr etwas gegeben, wovon sie Kimberly tatsächlich erzählen konnte.

Ich wusste: Es war vorbei. Ich hatte eine der heiligsten Regeln im Fußball gebrochen: Gewalt hat keinen Platz auf dem Spielfeld. Natürlich nicht. Es war Schluss. Ich hatte nicht nur eine rote Karte bekommen, sondern auch meine Rückfahrkarte zum FSV Schwabing gebucht.

## *Blood*

I tried to tell the **referee** that I was fine, but it was difficult to **convince** him with blood flowing out of my nose like Niagara Falls. I saw him put the red card back into his shirt pocket. I told him it was an **accident**, but he just shook his head. "Wenn das ein Unfall war, dann bin ich der Kaiser," he said to me.

The doctor took a look at my nose and said

referee – Schiedsrichter; to convince – überzeugen; accident – Unfall it wasn't broken, 'aber fast'. They carried me off the pitch on a **stretcher**. Wolfgang sent in a **substitute** and the game continued. Johanna came running up to the stretcher. Just seeing her made me feel better.

After the doctor had cleaned the blood out of my **nostrils** and put a **plaster** on my nose, Bruno Koestler came looking for me in the *Löwen* changing room. The match was over.

"How's your nose?" he asked me.

"It's OK," I said, but it was still **stinging** as if someone had just put two burning **matchsticks** up my nostrils. My nose had swollen to the size of a football. My right eye was slowly turning green, blue and black. I looked like a boxer who'd just been KO'd in the 14th round. "Where's Dennis?"

"I sent him home," Bruno told me. "He needs to do some serious thinking."

"It was an accident, you know," I told Dennis' coach.

Bruno **chuckled** to himself and shook his head. "Come on, Warren! You don't really think that, do you?"

stretcher – Tragbahre; substitute – Auswechselspieler;
nostril – Nasenloch; plaster – Pflaster; to sting – brennen;
matchstick – Streichholz; to chuckle to oneself – in sich hineinlachen

"I was pulling his shirt," I lied.

"I didn't see that."

"It's true! Honest! Dennis did what any other player would have done."

Bruno came up to me and stood right in front of me. "Even if someone is pulling your shirt," he said **seriously**, "you don't stop them by hitting them in the face with your elbow. I don't know if that's how you play football in England, but not here."

"Are you going to throw him out of the team?"

"Do I have a choice? In all the years I've been trainer, no one has ever got a red card in the trial period. Es ist Selbstmord."

I felt terrible, even though it was Dennis' **fault**. But Bruno was right. He couldn't just **turn a blind eye** to it.

When I got home, my dad almost hit the roof.

"What happened to you?!" he cried when he saw me with the bandage over my nose. "Did someone **beat** you **up**?"

"It's nothing," I said. "Just an accident at football practice."

seriously – ernst; fault – *hier:* Schuld;
to turn a blind eye – ein Auge zudrücken;
to beat up someone – jemanden verprügeln

"What's your mother going to say when she sees you?" said Dad. "She's going to tell me I don't know how to **look after** you!"

"Don't worry, Dad. I'll tell her you're the best dad in the world. And you know what? Sometimes that's even true!"

After that everything was fine. It was time to leave for the airport to pick up Mum. On the way Dad bought a big **bouquet of flowers**.

"Hey, what are you looking so **miserable** about?" he said as we drove to the airport. "Your mother is about to come home. Isn't that **good news**?"

It was. Very good news. In fact, it was the second piece of good news that day. I heard the first piece of good news after the match that morning: Wolfgang told me that I'd **passed** the trial period. He wanted me to stay at the *Löwen*. He wanted me in his team! A dream come true! But for some reason I didn't feel happy about it. It wasn't just because of my nose. Or my **black eye**. It was because of Dennis. I felt bad because I had lost a friend. **For good**.

to look after someone – sich um jemanden kümmern;
bouquet of flowers – Blumenstrauß; miserable – unglücklich;
good news – eine gute Nachricht; to pass – bestehen;
black eye – blaues Auge; for good – für immer

## Spielabbruch

Ich verließ das Gelände, bevor das Spiel zu Ende war. Brunos letzte Worte waren: „Ich will jetzt keine Entschuldigung hören. Ich kümmere mich um Warren. Wir reden am Montag darüber. Und jetzt geh! Bitte!“

Ich musste ihn nicht fragen, ob ich die Probezeit geschafft hatte. Das war mir klar wie die Abseitsregel. Mir war auch klar, warum ich mich nicht sofort bei Warren entschuldigen sollte. Was nutzt es, „sorry“ zu sagen, nachdem du gerade jemandem das Nasenbein zertrümmert hast? Warren brauchte einen Arzt und keinen Freund, der ihm so was antat. Ich war erledigt. Es gab nichts, was mich noch retten konnte.

Auf dem Weg zurück nach Schwabing musste ich an die Geschichte denken, die mir Harry bei Omas Feier erzählt hatte. Der Junge, der immer auf die *Löwen* gewartet hatte und seine große Chance beim FC Bayern München verspielte. In seine Fußstapfen trat ich jetzt. Ich hatte es vergeigt. Für mich blieb nur noch der FSV Schwabing. Für immer.

Ich konnte nicht nach Hause. Ich wollte meine Eltern nicht sehen. Sie wussten zwar nichts von der Sache, aber ich wollte sie auch nicht weiter belügen. Stattdessen ging ich zu unserem Vereinsheim. Die C-Jugend trainierte auf dem Kunstrasen. Die Jungs waren alle da. Außer Warren und mir. Harry erklärte Jannik gerade etwas unter vier Augen. Ich sah ihm an, dass seine Geduld ziemlich strapaziert war, aber er ließ sich nicht aus der Fassung bringen. Als er mich auf der Seitenlinie erblickte, schickte er Jannik wieder ins Spiel und kam auf mich zu.

„Was machst du denn hier?“, fragte er überrascht und schaute auf seine Uhr. „Euer Spiel läuft doch noch.“

Ich sagte nichts. Erwartungsvoll schaute mich Harry an. Er merkte, dass etwas mit mir nicht in Ordnung war.

„War's so schlimm?“, fragte er besorgt. Ich nickte und kämpfte mit den Tränen. Harry kapierte. Er überlegte nicht lange. Er deutete mit dem Kopf auf meine Sporttasche und sagte: „Zieh dich um. Wir haben Training.“

Harry wusste immer, was das Beste für mich war. Ohne ihn wäre ich niemals zum FC Bayern gegangen. Ohne ihn hätte ich nicht mal halb so gut Fußball spielen können. Es tat mir gut, sofort wieder auf den Platz zu gehen. Unter den Jungs fühlte ich mich wohl. Sobald ich die Kugel am Fuß hatte, vergaß ich halbwegs meine Sorgen. Ich konnte wieder atmen.

Zu Hause sperrte ich meine kleine Schwester aus unserem Zimmer aus, verriegelte die Tür mit einem Stuhl und machte die Vorhänge zu. Ich wollte allein sein. Dann fing ich an, das Einzige zu tun, was mir als Wiedergutmachung einfiel: Ich schrieb Warren einen Brief. Ich wollte meine Entschuldigung schwarz auf weiß formulieren. Ich wollte ihm sagen, dass es mir wirklich leidtat.

Nach dem Training hatte Harry versucht, mich aufzumuntern. „Jeder darf im Leben einmal Mist bauen“, meinte er, als ich ihm von dem schrecklichen Vorfall erzählte. „Du musst das positiv sehen: Du weißt, dass du etwas Falsches gemacht hast. Nicht jeder sieht seine Fehler ein. Jetzt musst du nur noch dafür sorgen, dass du baldmöglichst wieder auf die Beine kommst und deinen Kopf hochhalten kannst. Mit den Konsequenzen wirst du ohnehin leben müssen.“

Nachdem der zehnte Brief im Papierkorb gelandet war, klopfte meine Mutter an die Tür. „Dennis? Schatz? Kannst du kurz einkaufen gehen?“, bat sie mich. Da ich mit meinem Entschuldigungsbrief an Warren überhaupt nicht weiterkam, sagte ich Ja.

Es war ein schöner, sonniger Tag. Der Himmel war blau wie ein Sechzger-Trikot. Viele Leute waren unterwegs und machten ihre letzten Einkäufe vor dem Samstagabend. Wie immer ging ich zuerst zum Gemüseladen, weil er am weitesten von zu Hause entfernt lag. Ich schaute auf die Einkaufsliste meiner Mutter. Nur Tomaten. Seitdem es mir misslungen war, im *Junglöwen*-Kader aufgenommen zu werden, hatte Frau Lodz es sich nach und nach abgewöhnt, mir ein paar zusätzliche Gratistomaten in die Papiertüte zu stecken. Jetzt war ich wieder ein Kunde wie jeder andere.

Doch so übellaunig wie heute war sie noch nie gewesen. „Was willst du?“, blaffte sie mich an. „Bestimmt nur etwas Rotes, nicht wahr?“

„Ja. Ein halbes Kilo Tomaten, bitte.“

Hilflos sah ich zu, wie sie nur die angematschten Tomaten aus dem Gemüsekorb pflückte und sie in die Papiertüte warf. Dann knallte sie die Tüte auf die Waage, als ob sie einen Tomatenmilchshake machen wollte.

„Glatte fünf Euro“, wetterte sie. Die waren ja doppelt so teuer wie sonst!

Ich verschwand aus dem Laden – ohne Protest. Ich war nicht in der Lage, mich mit Frau Lodz anzulegen. Es war nicht mein Problem, wenn sie mit dem falschen Fuß aufgestanden war.

Als Nächstes ging ich in die Metzgerei. Auch da wurde ich mit grimmigen Blicken empfangen. Der nette Herr Jakobs schnitt nur lauter Fett vom Kalb für mich ab. Hinter mir in der Schlange schüttelte ein älterer Herr mit dem Kopf und murmelte missbilligend vor sich hin: „Junge, Junge!"

Auf dem Weg zurück kam ich am Friseursalon vorbei. Melanie trat gerade aus der Ladentür. Ich winkte ihr zu, aber sie zog nur einen Schmollmund und trippelte erhobenen Hauptes über die Straße. Sie ging mir aus dem Weg.

Die letzte Station auf der Einkaufstour war Fayads Kiosk. Er saß in seinem Büdchen und las intensiv die *Frankfurter Allgemeine.* Ich dachte, ich gönne mir mal etwas, mein Tag war hart genug gewesen. Ich wollte mir den *Kick* kaufen. Zum Zeitvertreib, während der Isolationshaft, die mir am Abend bevorstand. Als ich Fayad meinen Wunsch nannte, schaute er mich an, als hätte ich gerade den *Playboy* bestellt.

„Das ist nicht dein Ernst?“, fragte er verblüfft.

„Äh … ja … Warum nicht?“

„Du willst wirklich den *Kick* kaufen?“

„Gibt es da ein Problem?“

„Ich warne dich: Es ist keine gute Idee.“

Ich wusste nicht, wovon er redete. Seit wann war *Der Kick* so schlecht für meine Gesundheit? Fielen jetzt auch Fußballzeitschriften unter das Jugendschutzgesetz? Wohin sollte das alles führen?

Fayad nahm ein Exemplar des *Kick* aus dem Regal und schlug es auf dem Verkaufstresen auf. Zu sehen war eine bunte Doppelseite mit vielen Bildern. Ich las die fette Schlagzeile – und mein Herz blieb infarktgefährdet stehen. Auf einmal wurde meine Kehle trocken wie ein Toastbrot, meine Fußballbeine waren paralysiert, mein Kopf stand kurz vor einer gewaltigen Explosion. Oben, in Rot und Blau gedruckt, stand: *Das Doppelleben der Doppelpassfreunde – eine Sensationsstory! Wie zwei Jungs aus München ihre Fußballwurzeln verrieten …*

Ich war sprachlos. Was war das denn?

„Ich verstehe nicht, warum du das gemacht hast“, sagte Fayad und runzelte nachdenklich

die Stirn. „Ich meine, du hast doch das Herz eines *Löwen,* oder?“

Ich starrte immer noch auf die Doppelseite. Unter der Überschrift war zu lesen: „Eine Reportage von Kimberly Kirst“. Auf dem Foto daneben lächelte sie zuckersüß. Ich hätte kotzen können.

Auf einmal wurde mir alles klar: Frau Lodz im Gemüseladen, Herr Jakobs, der Metzger, die nette Melanie – sie alle wussten Bescheid. Dass sie mich noch nicht auf den Scheiterhaufen geworfen hatten, war ein Wunder.

„Ich … ich …“, begann ich stotternd meine

Erklärung, aber da gab es nichts zu erklären. Alles stand in dem Artikel. Schwarz auf weiß.

Ich überflog den Text. ... *Der* Löwen-*Junge verließ sein Rudel und traute sich in die Höhle des FC Bayern München* ... Mir wurde immer schlechter. Ich dachte, ich breche gleich zusammen. ... *Seit Judas Ischariot gab es keinen größeren Verrat* ... Die schöne Kimberly! Wie konnte sie mir das antun?

Unter einem Bild, auf dem Franco Toni mich mit einer Bärenumarmung im Foyer des Stadtmuseums qualvoll zerquetschte, lautete der Kommentar: *Manche sagen, aus Blau kann man nicht Rot machen. Wer das behauptet, hat sich gewaltig geirrt!*

Warren wurde als *reich, rotzfrech und rot* beschrieben. *Der junge Engländer, der wegen der neuen Stelle seines Vaters dem FC Bayern München so gut wie ewige Treue schwor, überlegte es sich anders, sobald der Himmel blau wurde.*

Es gab sogar ein Foto von Warren und mir auf der FC-Bayern-Gala. Strahlend standen wir Arm in Arm da und hielten das signierte FCB-Trikot in die Höhe. Hinter uns lauerte *El Tigre.* Dazu schrieb Kimberly: *Wochenlang streuten die fußballerischen Überläufer ihren nichts ahnenden Eltern gnadenlos Sand in die Augen*. Wir wären *kühl, kalkulierend und kaltschnäuzig*. Es gab so viel Alliteration in diesem Artikel, dass mir schwindelig wurde. Dass Kimberly so schreiben konnte, hätte ich nie gedacht.

Es tat weh. Nur deswegen wollte Kimberly also mit mir knutschen. Nicht wegen meiner unwiderstehlichen Anziehungskraft. Nicht, weil ich der beste Küsser auf Erden war. Kimberly hatte mich nur benutzt! Ich war nicht mehr als eine Marionette, um ihrer Karriere zu dienen. So viel zum Thema, sie möchte Schauspielerin werden. Genau das war sie ja wohl schon!

„Haben meine Eltern den Artikel schon gesehen?“, fragte ich Fayad, als ich wie betäubt umblätterte und ein Foto meiner Oma mit der Meisterschaftsschale sah. Im Vordergrund stand das Glas, an dem Kimberlys Lippenstift schimmerte. Dazu die Bildunterschrift: *Blut ist nicht immer dicker als Wasser.*

„Von mir haben sie ihn jedenfalls nicht bekommen,“ erwiderte Fayad und schüttelte den Kopf. „Aber ich schätze, in einer Stunde ist alles ausgestanden.“

„Was soll ich machen?“, fragte ich verzweifelt.

„Du kannst nur eins machen“, riet mir Fayad. „Sag ihnen die Wahrheit. Du musst es ihnen selber sagen. Direkt. Sie sollten es nicht aus diesem Drecksartikel erfahren. Es würde ihnen das Herz brechen.“

Ich schluckte. Meinen Eltern die Wahrheit sagen? Ob ich danach noch am Leben sein würde?

Ich nahm Fayads Rat an und lief so schnell wie möglich nach Hause. Als ich ins Wohnzimmer stürmte, herrschte Totenstille. Drei Generationen der weiblichen Linie meiner Familie saßen im Schockzustand auf dem Sofa: meine Oma, meine Mutter und meine Schwester. In der Mitte, auf Omas achtzigjährigem *Löwen*-Schoß, lag *Der Kick*. Er war auf dem doppelseitigen Artikel aufgeschlagen. Die drei Frauen schauten mich mit offenen Mündern an. Es war zu spät!

„Wo ist Papa?“, wollte ich wissen.

Oma quakte wie ein Frosch. Meine Mutter murmelte das Vaterunser. Meine Schwester himmelte mich träumerisch an. „Wirst du jetzt immer für den FC Bayern spielen?“, fragte sie begeistert. So viel zum Thema: Treue ein Leben lang.

„Wenn ich nicht bald Papa finde, werde ich

keinen Knochen mehr in meinem Körper haben, um Fußball spielen zu können. Wo ist er?“

„In der Allianz Arena“, gab sie preis. „Rohrbruch mitten auf dem Platz.“

Zum ersten Mal in meinem Leben wollte ich meine Schwester in die Arme nehmen und drücken. Aber dafür hatte ich keine Zeit. Ich drehte mich um und lief wie ein Stürmer auf Torjagd aus der Wohnung. Ich musste meinen Vater finden, bevor er den Artikel sah.

## *Coming home*

Mum's **plane** had just landed from Manchester when my dad and I saw the article. A woman standing in front of us at the **arrival gate** was reading *Der Kick*. She had the magazine open on the **double page spread** about me and Dennis. I saw the series of photographs of me

plane – Flugzeug; arrival gate – Flugsteig; double page spread – Doppelseite

training in the Grünwalder Straße. There was a photo of Dennis with Franco Toni. I knew **straightaway** that Kimberly was behind it.

*"Das Doppelleben der Doppelpassfreunde?"* My dad read the headline with a look of horror on his face. "Warren? Why are you wearing a blue shirt in that photograph?"

Before I could answer, the automatic doors opened at the arrival gate and Mum **appeared**. "Mum!" I shouted, pushing past the **passengers** who were pushing their **trolleys** through the hall. When she saw me, she broke into a big smile. Then she saw the bandage on my nose and her smile **disappeared**.

I ran straight into her arms. She **squeezed** me **tight** and asked what had happened. I told her I hit my head against the **goalpost** while playing football. Dad was soon with us. He put his arms around us both. The three of us **hugged** each other like we were never going **to let go**. Mum and Dad even started to cry because they were so happy.

Once we were in the car, Mum started asking

straightaway – sofort; to appear – erscheinen;
passenger – Passagier, Fahrgast; trolley – Gepäckwagen;
to disappear – verschwinden; to squeeze tight – fest drücken;
goalpost – Torpfosten; to hug – umarmen; to let go – loslassen

me hundreds of questions. "How have you been? How's your school? Do you like Munich? Have you made friends? Did you find a football team?"

I saw Dad looking at me in the **rear-view mirror**.

"Yes, Warren, why don't you tell your mother about your football team?" he said. "That would interest me as well. **Particularly** the team with the blue shirts ..."

As we drove back to Munich's city centre, I told them the whole story. From the scouts in Sendling to the game that morning. When I finished, Dad said, "What am I going to tell my boss?"

Mum didn't think that was a problem. "Just tell him you knew all the time," she said. "I mean, it was only a trial period. **There's no harm in that**."

"But what if Warren passes the trial period?" he asked.

"I already have!" I told them. "Wolfgang said he wants me to stay."

Dad almost crashed the car. Mum was really

rear-view mirror – Rückspiegel; particularly – besonders;
there's no harm in that – das schadet nichts; daran ist nichts Falsches

happy for me. "That's wonderful news. **Congratulations**, Warren! **I'm** really **proud** of you." Then she turned to my dad. "Just tell your boss what that man Bruno said to Warren's friend. What was it again, Warren?"

"'Fußball kennt keine Farben.' Colour isn't important when it comes to football."

"You see!" she said. "If that's what the coach at Bayern Munich said, then it must be true!"

Dad had to laugh. "I can try."

Then Mum turned to me on the **back seat**. "Now, what about this Dennis friend of yours?" she asked me. "What's he going to do now?"

That was a good question. There was only one person who could help Dennis get his place back in Bruno's team: my dad. And there was only one person who could **persuade** my dad to do it: my mum! All I had to do now was get her on my side.

"Well, that's exactly what I wanted to talk to you about," I said to Mum. "You see, Dennis has a problem ..."

congratulations – Glückwunsch; to be proud of – stolz sein auf; back seat – Rücksitz; to persuade someone – jemanden überreden

## Verlängerung

Mein Vater stand ganz allein mitten in der menschenleeren Allianz Arena. Eine ziemlich große Pfütze breitete sich vor seinen Füßen aus. Der Rohrbruch! Rings um ihn herum ragten die Tribünen in den Himmel. Neunundsechzigtausend leere Plätze standen parat und warteten auf das nächste Spiel. Es war so still, ich konnte den Wind durch die Grashalme wehen hören.

Ein Stadionwächter führte mich durch das Labyrinth aus Gängen und Treppen bis zum Spielfeld. Er ließ mich allein über den heiligen Rasen zu meinem Vater gehen. Ausnahmsweise. Ansonsten war der Zutritt strengstens verboten. Ich hatte ihm meine Geschichte im Zeitraffer erzählt, und er verstand die Dringlichkeit sofort.

Mein Vater schaute zu mir, als ich auf ihn zueilte. Keine fünfzig Meter trennten uns, doch es fühlte sich so an wie fünfhundert. Die ganze Zeit fragte ich mich, ob er den Artikel schon gelesen hatte oder nicht.

„Hallo, Papa! Ich muss dir etwas sagen!“,

kündigte ich atemlos an, als ich ihn im Mittelkreis erreichte.

Mein Vater schaute mich liebevoll an und sagte: „Ich weiß."

Er weiß? Er weiß was? Dass ich ihm etwas sagen muss? Oder dass ich ihn schon seit fünf Wochen nach Strich und Faden belüge? Wie soll er das wissen? Es gibt hier nichts außer Gras und leeren Sitzplätzen.

Dann erspähte ich die Ecke der bekannten Fußballzeitschrift, die aus seiner Tasche hervorstach. Ich sank in mich zusammen. Er hatte den Bericht doch gesehen! Ich kam wieder zu spät. Kopfüber wollte ich mich in die Pfütze stürzen und darin versinken. Aber die Pfütze war gerade mal knöcheltief. Stattdessen senkte ich einfach den Kopf und wartete auf die Leviten, die mir mein Vater sicherlich lesen würde.

Aber es kamen keine Leviten. Es kam etwas ganz anderes. Mein Vater legte seine Hand auf meine Schulter. Mit den Fingerspitzen seiner anderen Hand berührte er mein Kinn und hob meinen schweren Kopf hoch. Dann schaute er mir tief in die Augen und sagte aus vollem Herzen: „Ich bin stolz auf dich, Dennis."

Ich verstand nur Bahnhof. „Warum?", fragte ich leise, aber voller Hoffnung.

Ich bin stolz auf dich.

„Weil du das gemacht hast, was ich vor über zwanzig Jahre nicht hingekriegt habe. Du bist ein mutiger Junge."

„Ich verstehe nicht. Was hast du nicht hingekriegt?"

Mein Vater lächelte melancholisch. „Frag mal Harry."

Da fiel es mir wie Schuppen von den Augen. „Du warst das?" Deswegen hatte Harry damals fast geweint! „Du warst es, der das Angebot der Bayern abgelehnt hatte?!"

Mein Vater nickte betrübt. „Ja. Und es geht kein Tag ins Land, an dem ich nicht darüber nachdenke, was aus mir geworden wäre, wenn ich Ja gesagt hätte. Du hast alles richtig gemacht. Anders als ich damals. Vielleicht sind die Bayernhirnis gar nicht so beknackt, wie ich immer gedacht habe. Sie haben jedenfalls dein Talent erkannt."

Meine Beine wurden wackelig. Ja, sie haben mein Talent erkannt, aber was nutzte mir das jetzt? Ich hatte schon alles in den Sand gesetzt. Und das nur wegen eines hinterlistigen Mädchens!

Ich sank zu Boden und setzte mich kraftlos auf Papas Werkzeugkiste. Papa war stolz auf mich! Seine Worte machten es nur noch schlimmer.

Es wäre viel besser, wenn er einfach sauer auf mich gewesen wäre. Damit hätte ich leben können. Schließlich konnte ich bis an mein Lebensende nur noch auf die *Löwen* warten. Genau wie er!

„Was ist?" Mein Vater hockte sich neben mich und legte mir besorgt den Arm um die Schulter.

„Ich habe die Probezeit nicht bestanden!", gab ich den Tränen nah zu und vergrub mein

Gesicht in den Händen. „Sie haben mich rausgeschmissen."

Auf meiner Schulter spürte ich, wie die Hand meines Vaters zusammenzuckte. „Sie haben *was?!*"

„Rausgeschmissen! Ich habe heute Rot bekommen. Ich habe Warren die Nase zertrümmert."

Mein Vater verstand nichts. „Warren?", sagte er überrascht. „Aber er ist doch dein bester Freund …"

„Ich weiß", murmelte ich kleinlaut. „Es war ein Fehler. Ich dachte, dass er etwas mit meiner Freundin hätte, aber sie war gar nicht meine Freundin. Sie wollte nur einen Artikel über Warren und mich schreiben. Es ist sehr kompliziert."

Mein Vater ließ sich die verzwickte Situation durch den Kopf gehen. Dann stand er entschlossen auf und fragte: „Und jetzt?"

Ich schaute ihn verständnislos an. Wie jetzt?

„Was willst du machen?", hakte er nach. „Den ganzen Tag wie ein Schluck Wasser in der Kurve rumhängen oder zu deinem Fehler stehen und geraderücken, was noch geradezurücken ist?"

„Dafür ist es zu spät."

Mein Vater streckte mir die Hand entgegen. „Es ist nie zu spät. Du musst dich bei Warren entschuldigen. Und danach gehen wir zu deinem Trainer bei den Bayern. Vielleicht hat er mehr Verständnis, wenn du ihm die ganze Geschichte erzählst."

Ich schaute Papas ausgestreckte Hand an. Sie war stark und hart wie Leder. Es war eine Hand, die Jahrzehnte geschuftet hatte. Eine gute Hand. Sie war immer für mich da, geduldig und zuverlässig. Wenn man eine solche Hand hat – eine Hand, die einem immer zur Seite steht –, dann kann nichts schiefgehen. Auf einmal wusste ich, dass ich nichts zu verlieren hatte. Ich konnte nur noch gewinnen. Und zwar einen guten Freund und die beste Fußballmannschaft, in der ich je gespielt hatte.

Ich nahm die Hand meines Vaters.

In seinem genauso zuverlässigen Ford Transit fuhren wir durch die Stadt nach Bogenhausen. Ich klingelte bei Warren, aber es war niemand zu Hause. Warren war vermutlich entweder im Krankenhaus, um sich seine Nase erneuern zu lassen, oder unterwegs, um seine Mutter vom Flughafen abzuholen.

Aber mein Vater war nicht mehr zu bremsen.

„Macht nichts!“, meinte er gut gelaunt, als ich wieder in den alten Kastenwagen stieg. „Wir fahren einfach weiter zur Säbener Straße. Glaubst du, dass dein Trainer noch da ist?“

Daran zweifelte ich nicht. Schließlich galt es, einen Spielbericht zu schreiben und die Spielanalyse für das nächste Training vorzubereiten. Das machte Bruno am liebsten, wenn ihm das Spiel noch frisch in Erinnerung war. Er war ein fleißiger Mann.

Aber Bruno befasste sich nicht mit fußballerischem Papierkram. Er hatte Besuch. Ich hörte schon das lebhafte Stimmengewirr, als mein Vater und ich den Flur entlanggingen. Etwas unsicher trödelte Papa hinter mir her. Es war das erste Mal in seinem Leben, dass er das FC-Bayern-München-Hauptquartier betrat. Er schaute sich die ganze Zeit nervös um, als ob er sich vielleicht doch vor wild fliehenden, blutrünstigen Büffeln fürchten müsste, die durchs Treppenhaus jagten.

Als wir uns Brunos Büro näherten, sah ich eine Frau durch die Glasscheibe. Sie hatte lange, lockige Haare und war sehr schick angezogen. Neben ihr war Kimberlys Cousine Johanna. Die beiden saßen vor Brunos Schreibtisch. Bruno redete allerdings mit jemandem, der offensichtlich neben dem Schreibtisch stand, außerhalb meines Blickfeldes. Ich konnte nicht hören, was er sagte, aber es war ganz eindeutig nicht der richtige Zeitpunkt, um meine Zukunft mit meinem Ex-Trainer zu besprechen.

Bevor ich jedoch etwas sagen konnte, drängte sich mein Vater beherzt an mir vorbei und klopfte an die Tür. Er wartete nicht auf eine Antwort, sondern machte die Tür einen Spalt auf und steckte seinen Kopf vorsichtig herein.

„Hallo, Herr Koestler“, stellte er sich schüchtern vor, „ich bin der Va…“

Aber Papa brachte seinen Satz nicht zu Ende. „Herr Konrad! Schön, dass du hier bist!“, rief ein Mann mit starkem englischen Akzent. Er hörte sich an wie Warrens Vater. „Come in! Come in! Wir sprachen just über dir!“ Es gab keinen Zweifel: Es war Warrens Vater.

Zögernd betrat Papa Brunos Büro und winkte mich herbei. Ab dann ist alles ziemlich verschwommen. Ich weiß nur, wie Warrens Vater zielstrebig auf meinen Vater zuging und ihm freundlich die Hand gab. „Ein exzellenter Klempner!“, lobte er, als ob er gerade die Dienstleistung meines Vaters an Bruno verkaufen wollte. „The best man in town!“

Mein Vater ließ sich etwas verwirrt die Hand schütteln. „Äh … Herr Pott … ich wollte mich für das Problem mit Ihrer Waschmaschine entschuldigen.“ Er schaute sich unsicher im Raum um. „Sie müssen nicht immer zum Waschsalon gehen. Es ist meine Schuld.“

Anthony Pott hörte nicht auf, die Hand meines Vaters zu schütteln. „But … meine Waschmaschine läuft – what was the word again? – einwandfrei.“

Mein Vater runzelte die Stirn. Dann drehte er sich um und schaute mich fragend an. Ich bestätigte seine Vermutung mit einem Kopfnicken und musste grinsen. Erst dann sah ich Warren, der seitlich neben Brunos Schreibtisch stand. Er sah schrecklich aus. Ein weißes Pflaster auf der Nase. Ein Veilchen daneben. Und alles ging auf mein Konto. Eigentlich sollte er sich jetzt wie ein englischer Hooligan auf mich stürzen. Doch das Gegenteil passierte: Als er mich sah, leuchtete sein Gesicht auf.

„Hi, Dennis!“

„Hi, Warren!“

Ich verstand immer noch nicht, was hier los war, aber bevor ich nachfragen konnte, zeigte Warren auf die blonde Frau, die neben Johanna aufgestanden war. „Dennis, this is my mum.

Mum, this is my friend Dennis", stellte er uns mit einem breiten Lächeln vor.

Wir gaben uns die Hand. „I've already heard a lot about you", sagte sie schmunzelnd und ich dachte: Kein Wunder! Vor allem darüber, wie ich Ihrem Sohn ein blaues Auge verpasst habe, vermutlich.

Anthony Pott trat zwischen uns. „Let me introduce you, darling. This is Mr Konrad, Dennis' father", stellte er meinen Vater seiner Frau vor. „We have some **differences of opinion**, but only about football. Colour isn't so important, you know."

Ich glaube nicht, dass mein Vater die leiseste Ahnung hatte, wovon Warrens Vater sprach, aber er gab Frau Pott die Hand und sagte in seinem besten Schulenglisch: „Welcome to Germany."

Hinter seinem Schreibtisch räusperte sich Bruno. „Gut. Da wir uns alle kennengelernt haben, können wir vielleicht das Thema des Tages weiter besprechen." Er hob eine Zeitschrift von seinem Schreibtisch auf und hielt sie in die Luft. Es war *Der Kick*.

„Die Frage ist, Herr Konrad, wie gehen wir

differences of opinion – Meinungsverschiedenheiten

Laut dieser jungen Dame hier
durfte der Artikel gar nicht veröffentlicht werden

vor?“, setzte er die Diskussion fort. „Laut dieser jungen Dame hier“ – er zeigte auf Johanna – „durfte der Artikel gar nicht veröffentlicht werden. Aus zwei Gründen: Erstens, weil die Autorin Kimberly Kirst die Einwilligung Ihres Sohnes gefälscht hat, und zweitens, weil sie den Artikel überhaupt nicht selber geschrieben hat.“

Ich schaute Johanna verblüfft an. „Wer hat ihn dann geschrieben?“

„Ihr Freund“, erklärte Johanna und hielt ein paar handgeschriebene Blätter hoch. „Das ist die Endfassung – und zwar in der Handschrift ihres Freundes. Ich habe es überprüft. Er ist im ersten Semester an der Uni. Kimberly kann gar nicht so gut schreiben. Ich weiß das. Schließlich habe ich schon viele Postkarten von ihr gelesen."

„Warum hat er das gemacht?", fragte ich nach.

Johanna grinste. „Kimberly hat eine Gabe, Jungs um den kleinen Finger zu wickeln. Aber das weißt du ja."

Ich senkte verschämt den Blick. Johanna hatte vollkommen recht. Wie konnte ich nur so blöd sein? Warum hatte ich nicht auf Warren gehört? Natürlich wollen Mädchen wie Kimberly nichts von einem Jungen wie mir. Sie stehen auf Typen, die schon in der Uni sind oder Ferrari fahren!

Bruno faltete die Hände hinter dem Rücken und ging in seinem Büro auf und ab. „Ich habe mit Warrens Trainer bei den *Löwen* gesprochen. Wir könnten die Zeitschrift verklagen. Aber Wolfgang ist der Meinung, es wäre besser, wenn die Familien einfach ein Statement an die Presse geben würden."

Er schaute erwartungsvoll von meinem zu Warrens Vater. Eine gemeinsame Stellungnahme? Das wäre das Ende des *War of the Dads*. Endlich Frieden in den Häusern Konrad/Pott!

„Was für ein Statement?“, fragte Papa verwirrt.

„Dass Sie die ganze Zeit Bescheid wussten“, informierte Bruno ihn. „Dass Ihre Söhne mit Ihrem vollen Wissen gehandelt haben. Und zwar von Anfang an. Wenn Sie das sagen, meine Herren, dann ist die Story nicht mehr halb so brisant.“

Papa schaute Warrens Vater fragend an. Warrens Vater dachte sichtlich schwer nach. Dann sagten sie gleichzeitig und genauso entschlossen: „Einverstanden!“

„Gut.“ Bruno war erleichtert. „Ich habe schon mit Kimberlys Chef gesprochen. Sie können Ihre Statements bei ihm abgeben. Am besten sofort. Johanna hat gesagt, dass sie Sie hinbringen kann. Sie weiß, wo die Redaktion ist.“

Mein Vater nickte. Johanna erklärte Warrens Mutter auf Englisch, dass wir uns jetzt aufmachen wollten. Anthony Pott legte seinen Arm um Warrens Schulter und ging mit ihm zur Tür.

„Thanks for your help, Bruno“, sagte er. „I’ll give you a call later to let you know what Udo Jaspers said.“

„Ja, wir danken auch!“, wiederholte Papa mit Nachdruck. Dann folgten wir der Familie Pott und Johanna aus Brunos Büro. Kurz vor der Tür blieb mein Vater noch einmal stehen. Nachdenklich drehte er sich zu Bruno um. „Äh … noch eine Sache, Herr Koestler …“, sagte er zögerlich. „Mein Sohn … der Dennis … wie sieht’s aus mit dem … Ich meine, darf er wieder bei Ihnen trainieren?“

Bruno setzte sich hinter seinen Schreibtisch und überlegte. „Mir ist klar, dass Dennis die letzte Zeit unter sehr großem Druck stand“, sagte er ernst. „Leider nicht nur auf dem Fußballplatz.“ Mein Vater senkte schuldbewusst den Kopf. Bruno schaute mich durchdringend an. „Wenn du mir versprechen kannst, dass du nie wieder Gewalt auf dem Spielfeld einsetzen wirst, verlängere ich deine Probezeit.“

Ich zögerte keine Sekunde. „Ich schwöre!“

Und ich meinte es. Mit jeder Zelle meines für Fußball lebenden Körpers.

Bruno lächelte zufrieden in sich hinein. „Dann sehen wir uns am Dienstag. Sei pünktlich!“

Worte können nicht ausdrücken, was ich in diesem Moment fühlte. So stelle ich mir das Gefühl vor, wenn man das Siegestor in einem Weltmeisterschaftsfinale schießt. Unbeschreiblich! Ich sagte einfach: „Danke, Bruno!“

Mein Vater legte seinen Arm um meine Schulter und drückte mich fest an sich. „Danke, Herr Koestler."

Wir wollte gerade aus der Tür gehen, da rief Bruno hinter uns her: „Wissen Sie, warum ich Dennis in Wahrheit nicht aus der Mannschaft rausgeschmissen habe, Herr Konrad?"

Mein Vater blieb stehen und schüttelte den Kopf. Neugierig schaute ich Bruno an.

„Weil sein Freund Warren behauptet hat, dass die *Junglöwen* großes Interesse an ihm hätten", erzählte er uns mit einem leichten Grinsen im Gesicht. „Das wäre doch nichts für Ihren Sohn ... Oder, Herr Konrad?"

Bruno wartete nicht auf die Antwort meines Vaters. Er beugte sich wieder über seine Papiere, während sein Grinsen zu einem breiten Lächeln anwuchs.

Mein Vater war völlig baff. Schnell zog ich ihn aus Brunos Büro und sagte: „Hey, Papa! Der Ball ist immer rund ..."

„... egal, von welcher Seite man ihn betrachtet", vollendete er meinen Satz, als er die Bürotür leise hinter sich schloss.

Draußen wartete Warren neben dem Rasenplatz auf mich. Die Profis hatten gerade Training. *El Tigre* dribbelte gnadenlos durch die

Abwehrkette. Er war nicht aufzuhalten. Warren schaute ihm beeindruckt zu. Ich stellte mich neben meinen englischen Freund und betrachtete ebenfalls Bayerns Mittelfeldwunder.

„He's good", sagte ich nach einer Weile.

„Yeah", stimmte Warren nachdenklich zu. „He's really good."

Ich musste Warren nicht fragen, was ihm gerade durch den Kopf ging. Wir teilten denselben Gedanken. Wir schauten *El Tigre* zu und dachten bei uns: Eines Tages wollen wir auch so gut sein wie er …

## *The big match*

♫ God save our gracious Queen,
Long live our noble Queen,
God save the Queen! ♫

And then …? Oh, no! I've forgotten the words!

69,000 people are standing on their feet for the English **national anthem**. Millions of football fans are watching on television. We're

national anthem – Nationalhymne

in the Allianz Arena. It's the biggest match of the year: England versus Germany. The classic one. It's my first game for my country, and I forgot to learn the words of my own national anthem. I'm such an idiot!

I **hum** along to the music and move my lips as the TV camera **sweeps** in front of me. "La-la-la-la-la!" The cameraman is so close, I think he's going to **step** on my foot. To my left is the German team. I know most of them. Tobias, the fly-catching **goalie**, also known as *Die Kralle*. Matthias, the left-wing midfielder. And Dennis' old friend from Bayern Munich, the front man, Alex the Bullet.

And of course there's Dennis too. I saw him in the tunnel while the teams were waiting to come out onto the pitch.

"Alles klar?" he asked me, **shaking** his legs like a Salsa dancer.

"Alles klar," I told him, **stretching** the muscles in my **thigh**.

He smiled. I smiled. Our captain pushed me slightly in the back. "Hey! What are you

to hum – summen; to sweep – schwenken;
to step – treten; goalie – Tormann; to shake – schütteln;
to stretch – dehnen;
thigh – Oberschenkel

doing?" he said **jokingly**. "No talking German to the enemy!"

Then the **crowd** began to **cheer** outside as the referees led the first players out onto the pitch.

"Viel Spaß!" said Dennis as we started to follow them.

"See you after the game," I replied, jumping **on the spot** and then following my teammates out onto the pitch.

The crowd was so loud it was like the whole stadium was shaking.

I look into the crowd while humming the English national anthem. "La-la-la-la-la!" My girlfriend said she had **seats** next to the tunnel. I try and find her in the crowd. Everyone is standing on their feet. The English fans are singing. The German fans are listening. Next to the tunnel I see my dad and mum, singing with all their heart. I can see they're trying to **impress** Dennis' parents who are standing right next to them. I'm sure Dennis' parents did exactly the same when they sung the German national anthem two minutes ago. Standing

jokingly – im Scherz;
crowd – Menschenmenge, Publikum;
to cheer – jubeln; on the spot – auf der Stelle;
seat – Sitzplatz;
impress – beeindrucken

next to Dennis' mother is Harry. He **yawns**. The girl next to him **gives him a nudge in the ribs**. Harry stops yawning. That's my girlfriend. Typical Johanna. She laughs. Harry laughs too. I love it when she smiles.

Johanna sees me looking at her. She **waves** to me with both her hands over her head. For a moment I think about waving back, but then I decide it might look a bit **silly** on national television. What would the **commentator** say? "And there is Warren Pott, standing in the line-up, England's new midfield talent, fully focused on the game, waving to his girlfriend in the crowd ..." I don't think so. Johanna will just have to wait ninety minutes.

**The trumpets blast** one last time and **the drums roll**. The national anthem is finally coming to its climatic end. "God – save – the – Queen!" sing 20,000 England fans live. The stadium **bursts into** ecstatic applause. It's so loud I can't even hear myself breathe. Then the Ger-

to yawn – gähnen;
to give someone a nudge in the ribs – jemand in die Rippen stupsen;
to wave – winken; silly – albern;
commentator – Berichterstatter, Kommentator;
the trumpets blast – die Trompeten schmettern;
the drums roll – die Trommeln wirbeln;
to burst into – ausbrechen

man players come over to shake our hands. First their captain, next Tobias, Alex, their striker. And when Dennis comes up to me, a thousand cameras **flash** as the photographers try to **capture** this special moment. Dennis smiles and gives me a wink. I smile back. The game can finally begin.

to flash – blitzen;
to capture – fangen, einfangen

## Author's note/Anmerkungen des Autors

In order to write this story, I have changed some of the facts surrounding training practices at the two major Munich football clubs. For example, youth trials do not last for six weeks. A trial consists of no more than a couple of training sessions. Furthermore, the U15 players train four times a week, not twice.

Um diese Geschichte zu schreiben, habe ich einige Tatsachen bezüglich des Trainings bei den Jugendmannschaften der zwei großen Münchner Fußballvereine geändert. Zum Beispiel dauert die Probezeit keine sechs Wochen, sondern besteht aus ein paar Trainingseinheiten. Außerdem trainieren die U15-Spieler viermal und nicht zweimal die Woche.

For more detailed information about these clubs, take a look at their websites:

Weitere Informationen über beide Vereine und ihre Jugendabteilungen stehen auf den Websites:

www.fcbayern.de
www.tsv1860.de

To find out more about all the Nonstop Books visit:

www.nonstop-reihe.de

Bei Thienemann von David Fermer bereits erschienen:

*Nonstop BMX!*
*Nonstop Hiphop!*
*Nonstop Survival!*
*Nonstop Chatten!*

**Fermer, David:**
Nonstop Fußball!
ISBN 978 3 522 17981 2

Gesamtausstattung: Alexander Weiler
Einbandtypografie: Michael Kimmerle
Innentypografie: Kadja Gericke
Schrift: Concorde und Officina serif
Satz: KCS GmbH, Buchholz/Hamburg
Reproduktion: Medienfabrik, Möglingen
Druck und Bindung: Friedrich Pustet, Regensburg

5 4 3 2 1° 08 09 10 11

www.thienemann.de

# *Englisch lernen leicht gemacht*

David Fermer

**Nonstop Survival!**

208 Seiten

ISBN 978 3 522 17889 1

Ab nach Schottland!, heißt es für Timo und seine Klassenkameraden. Teambuilding steht auf ihrem Programm, denn „Gemeinschaftsgeist" ist ein Fremdwort für die Klasse und Zoff an der Tagesordnung. Da hilft nur noch ein ordentliches Survival-Training, mit Wandern, Klettern und Kanufahren …

David Fermer

**Nonstop Chatten!**

176 Seiten

ISBN 978 3 522 17890 7

Hannah hat keine Lust auf Berlin. Warum müssen ihre Eltern auch umziehen? Einziger Lichtblick ist Brandon aus dem Chatforum. Er ist auch vor Kurzem nach Berlin gezogen. Mit ihm kann sie im Chatroom über alles reden: Über die Fünf, die ihr im Zeugnis bevorsteht. Über ihre Angst vor dem Umzug und sein Heimweh nach San Francisco …

THIENEMANN